KB275089

평택
정치
인사이더와 아웃사이더

# 평택정치

## 인사이더와 아웃사이더

장승재

암행어사 박문수 선생 기념사업회

평택

택

평

사

람

밥북 B·BOOK

 평택에서 태어나 자라면서 평택을 바라보는 눈이 너무 좁았고 제대로 알지 못했다. 특히 우리 고장의 뿌리와 역사 그리고 인물에 대해서 그랬다. 오래전부터 평택에서 태어난 인물을 알고 싶었고 평택을 빛낸 인물을 찾고자 노력했다. 이 책을 출간 준비하면서 평택 인물에 대해 많이 공부하는 계기가 됐다. 조선시대부터 평택에서 태어나 국가와 민족을 위해 헌신한 각계의 평택 출신 인물을 알아봤다. 아울러 평택에서 태어나진 않았으나 평택과 연관 있는 인물도 연구했다.

 필자는 어릴 적부터 덕수장씨 종회 일을 보시던 부친(장경현)으로부터 평택은 남장북정(南張北鄭)이란 말을 듣고 자랐다. 즉 평택 하면 남쪽은 덕수장씨, 북쪽은 봉화정씨가 오래전부터 평택에서 거주하면서 살아왔기 때문이 아닌가 싶다. 삼봉 정도전 선생의 봉화정씨 문중과 저희 집안과는 개인적인 인연이 있다. 저희 증조모 봉화정씨가 은산리에서 덕수장씨 본가인 팽성 석근리로 시집와서 증조부와 결혼하시어 할아버지와 아버지에 이어 필자까지 왔기 때문이다.

평택에서 태어나서 평택을 빛낸 거룩한 인물을 알아보자. 이시애의 난을 진압한 최유림 장군, 임진왜란 용장으로 알려진 원균 장군, 충렬공 이대원 제독, 이정암 선생, 방덕룡 장군, 삼학사로 알려진 홍익한 선생, 조선 후기 영조 때 우리나라 최고의 위민 정신을 실천한 암행어사로 알려진 박문수 선생, 일본 식민지 시대 때 국제적 민족주의를 형성하자는 '민세주의(民世主義)'를 제창한 안재홍 선생, 열도의 독립운동가이며 통일운동가인 의사 원심창, 대한민국 제5공화국 시절 제1야당 민주한국당을 창당해 대통령 후보를 했던 유치송 선생 등을 들 수 있다. 아울러 평택에서 태어나진 않았으나 오늘날까지 평택에 정신이 살아있는 역사 인물은 원효대사, 조선 건국의 설계자 정도전, 대동법 시행령의 김육 선생, 조선 중종 때 개혁가 조광조 등을 들 수 있다.

필자는 이 책을 쓰면서 몇 가지 원칙을 삼았다. 첫째 역사 인물 중에 평택에서 태어난 진정한 평택인을 알아보고 둘째로 평택에 입향한 성씨 문중과 인물을 배출한 유력 성씨 알아보고자 노력했다. 셋째는 소개 인물은 나이 70세 이상만 소개키로 했고, 넷째는 평택 안정리의 K-6와 송탄의 K-55에 주둔하면서 세계평화 수호하는 주한미군과 국가안보를 튼튼히 지키는 평택 주변 군부대의 상황을 제대로 인지하자는 뜻에서다.

주한미군을 보고 자란 필자로서는 이러한 미군 부대의 존재감도 크게 인식과 함께 여러 각도에서 무거운 책임감을 느끼게 한다. 즉 고향

땅 평택 하면 주한미군으로 머리에 떠오른다. 이제 주한미군의 존재를 인정하고 지역 간 상생을 모색해야 할 때이다. 그렇게 함으로써 대한민국 안보의 근간인 한미동맹을 자연스럽게 강화할 수 있고, 국가안보를 튼튼히 할 수 있기 때문이다.

제1부 '평택의 입향조와 전통 뿌리를 이어가는 문중'에서는 평택 입향조와 파조 인물, 평택에서 역사와 전통을 이어가는 문중, 평택에서 많은 인물을 배출한 문중, 충효정문(忠孝旌門) 또는 사당(祠堂)이 건립된 문중, 조선시대 전·후 평택 관련 정치인 및 관료, 조선시대 평택 지역을 이끈 현령 및 선출 정무직 지도자, 현대 평택 지역을 이끈 정무직 인사, 현대 평택정치 인사이더 정치인 및 관료, 평택에서 국회에 진출한 선출직 인물, 현대 평택정치 아웃사이더 정치인 및 관료, 평택에서 국회의원 및 단체장 선거에 출마자 또는 거론된 인물 평택이 본(원)적이지만 출향 인사로 왕성하게 활동한 인물을 알아봤다.

제2부 '평택의 무장과 독립운동가 및 장군 그리고 스타'에서는 평택의 역대 무인들을 알아봤다. 고려시대(高麗時代) 장군들, 조선시대(朝鮮時代) 장군들, 무장의 역할을 제대로 한 특별한 인물, 임진왜란 때 구국 활동한 평택 출신 인물, 항일 독립투사 평택의 독립운동가, 현대에 들어와서 평택 출신 스타들을 짚어봤다.

제3부 '대한민국 평택의 평화·안보적 위상'에서는 평택 지역의 전투,

6.25 전쟁의 평택 전투, 대한민국 평화·안보 중심, 평택의 안보 전략적 가치, 평택에 주둔한 대한민국 주요 군부대, 평택 부근 대한민국 주요 군부대, 세계 최고 군사기지 험프리스(K-6) 주한미군사령부와 산하 기관, 한·미연합사령부, 유엔군사령부와 산하 기관, 주한미8군사령부와 산하 부대, 평택의 오산 에어 베이스(K-55, Osan Air Base) 주한미7공군사령부와 산하 부대, 오산 베이스를 벗어난 제8전투비행단을 소개했다.

이에 이 졸저를 통해 평택시의 뿌리인 역사적 동족 마을 입향조와 인물이 이해되길 기대한다. 아울러 근대 독립운동가와 오늘날 평택이 있기까지의 현대사 인물과 함께 감사하게 생각한다. 끝으로 평택은 대한민국을 지키는 평화·안보 도시이다. 평택 및 주변에 주둔하고 있는 주한미군과 대한민국의 육·해·공군을 조금이나마 이해하고 중요성을 깨닫는 데 도움이 된다면 더없는 기쁨과 영광으로 생각한다.

2025. 10. 진위 암행어사 박문수 선생 연구실에서

德水 장 승 재

# 차 례



- 제1부 -

# 평택성씨와 평택정치의
# 인사이더와 아웃사이더

- 제2부 -

# 평택의 무장과 독립운동가 및 장군 그리고 스타

- 제3부 -

# 대한민국 평택의 평화·안보적 위상

# 평택성씨와 평택정치의 인사이더와 아웃사이더

# 제1장

# 평택성씨와 입향·파조의
# 전통 뿌리를 이어가는 문중

## 1. 평택성씨

조선 초기 토성(土姓)으로 이씨가 비교적 큰 집단을 형성하였고 그다음 김씨, 최씨 등이 있었다. 조선시대 전후에는 토성이 주로 살았으나 조선 건국을 피해서, 또는 임진왜란과 병자호란에 의거 평택에 성씨들이 살기 위해 이동해서 거주하게 됐다. 최근에는 1950년 6.25 전쟁 이후 월남 이주민의 정착과 양대 미군기지(K-6 캠프 험프리스와 K-55 오산 에어 베이스) 형성이 큰 변화의 바람이었다. 또한 산업단지 조성 등 사회 변화에 따라 생계 목적에 따른 성씨들이 정착하게 되었다. 평택이나 진위를 본관으로 하는 대표 성씨는 다음과 같다.

평택김씨·평택문씨·평택방씨·평택안씨·평택오씨·평택이씨·평택장씨· 평택전씨·평택정씨·진위조씨·평택차씨·평택최씨·평택황씨·용성송씨· 진위김씨·평택박씨·진위이씨·평택임씨 등 18개 성씨이다.

## 2. 평택의 입향조 및 파조 개요 및 인물

입향조 및 파조는 진정한 평택인이고 뿌리이다. 그 후손들이야말로 평택을 지키면서 살아가는 애향인(愛鄉人)이다. 입향 동기는 자손을 얻기 위해, 생계를 꾸리기 위해, 조선시대 임진왜란 및 병자호란 등 피난을 목적으로, 혼인을 통해 이거, 조선 건국에 반대를 위해, 사화(士禍) 등을 피하기 위한 정치적 목적 등 이었다. 이전 근거지로 한양 및 개성, 안성, 화성 등이다. 그래서 평택에 정착한 뿌리를 찾기 위해 입향조와 파조, 그리고 입향 시대를 알아보는 것은 매우 중요하다.

### 소을경(蘇乙卿, 1325~1385)과 소담(蘇覃, 1350~1411)

소을경은 진주소씨로 과거 문과에 급제해 개성부윤(開城府尹)과 광정대부판도판서(匡靖大夫版圖判書)를 역임했다. 1363년 계유년에 동구(왜구)의 난을 당해 부소동(扶蘇洞)이 퇴락함으로써 공민왕 23년(1374년 갑인년)에 아들 소담을 비롯한 가솔을 데리고 진위 여좌동(현 도일동)으로 이거했다. 소을경 장남 소담은 이곳에서 학문과 성리학에 몰두하던 중 동문수학한 삼봉 정도전의 천거로 1395년 운주령겸권농방어사(雲州令兼勸農防禦使)에 임명돼 평안도 운주로 부임했다. 내직인 전고사(典庫使)와 봉직랑을 지내고 왕자의 난(1398년 戊寅定社)으로 문헌공 정도전과 남은 등이 피살되자 관직을 사임하고 진위로 돌아와 여생을 보냈다.

## 차원부(車原頫, 1320~1398)

차원부 선생은 장안동에 많이 세거하는 연안차씨(延安車氏) 선조(先祖)이다. 자는 사평(思平)이고 호는 운암(雲庵)으로 지방어사(知防禦使) 차종로(車宗老)의 아들이다. 고려시대 공민왕 13년(1364년) 문과에 급제한 뒤 여러 벼슬을 역임하고 간의대부(諫議大夫)·보문각(寶文閣) 직제학(直提學) 겸 지국평장사(持國平章事)에 올랐다. 길재·이색 등과 함께 명성을 떨치던 유학자로 성리학을 깊이 연구했다. 고려 말 정치가 문란해지고 평산 수운암동(水雲庵洞)에 은거해 주역 연구에 전념했다. 1392년 조선왕조가 개국한 뒤 태조가 공신녹권(功臣錄券)을 내렸으나 '식초 다섯 말을 먹고 죽을지언정 공신에는 참여하지 않겠다'라고 거절했으며 또 정언·판농시사 등의 벼슬을 제수했으나 모두 받지 않았다.

뒤에 송원에서 하륜·함부림·조영규 등이 보낸 자객에게 가족 및 일당 80여 명과 함께 살해됐다. 당시 고려의 충절을 지키던 두문동 72인의 한 사람으로서 학문과 그림을 잘 그렸으며 특히 매화를 잘 그렸다. 시호는 문절(文節)이고 시중(侍中)에 추증되고 순천의 운암사에 제향됐다. 철종 때 서울 선비들이 개성 송원에 사당을 세웠다. 묘소는 처음에 경기도 양주군 봉황산 양원촌에 있었으나 1972년 2월에 장안동 월문산으로 이장해 부인과 함께 합장돼 있다.

## 공부(孔俯, 1352~1416)

공부 선생은 공자의 고향인 중국 곡부(曲阜)의 공씨다. 즉 중국의 공자(孔子)를 시조(始祖)로 하는 성씨다. 중시조(中始祖) 공소(孔紹)는 고려말 제31대 공민왕의 황후(魯國公主, 인덕왕후)는 원나라 종실의 위안의 딸을 모시고 따라온 사람이다. 원(元)의 공소(孔紹)는 고려에 와서 귀화(歸化) 후 문하시랑평장사(門下侍郎平章事) 회원군(檜原君)에 봉해져 창원(昌原) 땅을 식읍 받고 본관(本貫)을 창원이라고 하였다가 정조 18년(1794년) 공자(孔子)의 후손이라고 해서 곡부공씨로 불리게 되었다. 회원군 공소(孔紹)의 손자인 어촌공 공부(孔俯)는 덕목리 곡부공씨(曲阜孔氏) 입향조이다.

공부(孔俯)는 고려 후기 우왕 2년(1376년) 과거에 급제해 전의부령(典儀副令), 예조총랑(禮曹摠郎)을 거쳐 집현전 태학사(集賢殿 太學士)가 됐다. 조선시대에 들어와서는 문서응봉사(文書應奉司)·별감제조(別監提調)·우군동지총제(右軍同知總制)·검교한성윤(檢校漢城尹)을 역임했다. 도교(道敎)에 조예가 있어 도교를 좋아하던 태종의 총애를 받았고 조선 초기 1408년 10월 이후 서장관(書狀官)으로 여섯 번이나 중국에 다녀왔다. 태종 16년(1416년)에 천추사(千秋使)로 중국에 갔다가 돌아오지 못하고 죽었다. 정몽주(鄭夢周) 및 이색(李穡) 등과 교유했던 공부 선생은 세상에서는 그의 관대한 성품과 솔직함을 높게 평가해 팔청(八淸)의 우두머리라고 칭했다. 곡부공씨의 세거지 덕목4리에는 어촌공 공부 선생의 사당 어천제가 건립돼 있다.


## ▍장우(張羽, 생몰년 미상)

　장우 선생은 덕수장씨 시조인 공숙공(恭肅公) 장순룡의 증손(曾孫)이다. 장우(張羽) 선생은 송도 개성에서 출생했고 1398년에 평택의 덕수장씨 참판공파의 입향조(入鄕祖)이다. 두촌공(杜村公) 장우는 고려조(高麗朝)에 예부의랑(禮部議郞)의 벼슬을 역임했으나 조선이 개국 되자 두문동(杜門洞) 골짜기에 은거, 불사이군(不事二君)의 충절(忠節)을 지켰다. 그 후 이태조(李太祖)가 즉위하여 조선 개국 후 두문동(杜門洞)에서 은거하다가 태조의 부름을 받고 벼슬길에 올라 예악(禮樂)을 일으키게 했다.


　여러 차례에 걸친 소명(召命)으로 부득이 두촌공을 비롯하여 동생인 판윤공(判尹公) 장핵(張翮)과 방촌(厖村)·황희(黃喜) 등 세 사람이 벼슬에 나갔다. 조선조에 입사(入仕)한 두촌공(杜村公)은 법률을 정하고 예악(禮樂)을 일으켰다. 태조 5년(1396년)에 문과(文科)에 급제해 자헌대부(資憲大夫) 이조판서(吏曹判書) 겸 영경연사(領經筵事), 지의금부사(知義禁府事), 춘추관사(春秋館事), 오위도총부도총관(五衛都摠府都摠管) 등을 역임했다. 묘는 노양리 마을 뒤 계양산 동쪽 기슭에 있고 소재지는 팽성읍 노양1리 산 4-1이다.

## 원몽(元曹, 생몰년 미상)과 원임(元任, 생몰년 미상) 그리고 원식(元埴, 생몰년 미상)

원몽은 원주원씨로 태조 때 뿌리를 내린 입향조이다. 1398년 진위군 여방면 여좌리(도일동)로 이주했다. 평원부원군에 봉해지고 숭록대부 의정부영의정으로 추서된 증손 원중량(元俊良)에 의한 증직으로 통훈대부(通訓大夫) 군사감정이 됐다. 원임(元任)은 원몽의 손자로 세종 15년(1433년)에 문과에 급제하고 호조참판겸오위도총관(戶曹參判兼五衛都摠管)을 지냈다. 1654년 갑오년(甲午年) 진사시에 합격하고 예비시부정(禮賓寺副正)에 올랐다. 승정원 좌승지겸경연참찬관(承政院 左承旨兼經筵參贊官), 가정대부(嘉靖大夫) 등에 올랐다. 묘는 도일동에 있다.

## 정래(鄭來, 생몰년 미상)와 삼봉 선생 아들 정진(鄭津, 1361~1427)

정래 선생은 봉화정씨로 조선 개국의 설계자인 삼봉 정도전의 손자이며 삼봉 선생의 큰아들 정진의 장자이다. 즉 삼봉 정도전(祖父)-정진(父親)-정래(孫子)로 연결되는 가계도(家系圖)이다. 조선조 태종 때 선무랑(宣務郎)과 한성 판관을 지냈다. 태종 11년(1411년) 7월 처인현령(處仁縣令, 현 용인시 처인구)에 있을 때 조부(祖父)인 정도전(鄭道傳)을 삭탈관직(削奪官職)하고 폐서인하며 자손(子孫)을 금고(禁錮)했다. 이에 벼슬에서 물러나 처인현(處仁縣)에서 아주 가까운 진위면 은산리로 은거했다.

정래 선생이 1416년 7월에 금고에서 풀려났으나 관직에 나가지 않고 진위 은산리에서 여생을 보냄으로써 평택의 봉화정씨 입향조(入鄕祖)가 됐다. 묘는 은산리 인근에 있는 안성시 원곡면 산하리 산 25번지에 있다.


정진 선생은 삼봉 정도전의 장남으로 조선 개국 초에는 아버지의 후광으로 한때 한려한 직책에 중용됐다. 1398년 중추원 부사로 있을 때 제1차 왕자의 난이 일어나 아버지(정도전)가 주살되자 그도 벼슬을 파직당해 전라도 수군으로 전락해 모진 역경을 겪었다. 그러나 정진은 성실한 인품이 인정돼 다시 등용돼 재상의 영직(榮職)을 누렸다. 태종 7년(1407년) 다시 판나주목사로 기용되고 1416년 인녕부윤(仁寧府尹)이 돼 크게 치적을 올렸다. 세종 1년(1419년) 충청도 관찰사가 됐다가 1420년 판한성부사가 됐다. 그해 성절사(聖節使)가 돼 명나라에 다녀와서 평안도 관찰사가 됐다. 1423년 공조판서를 역임하고 1424년 개성유후사유후(開城留後司留後)가 됐으며 1425년 형조판서가 됐다. 시호(諡號)는 희절(僖節)이며 은산리 삼봉 기념관 내에 희절사가 있다. 묘는 서울시 강남구 역삼동에 있었으나 진위면 은산리로 이장됐다.


## █ 우원유(禹元瑜, 생몰년 미상)

우원유 선생은 단양우씨(丹陽禹氏) 시조(始祖) 우현(禹玄)의 셋째 아들 안정공(安靖公) 우홍강(禹洪康)의 넷째 아들이다. 조선 태종 때의 문신으로 감찰(監察)을 역임하였고 청백리로 선발되었으며 이조참판

(吏曹參判)에 추증되었다. 조선조 태종 때 마산리에 낙향(落鄕)함으로써 단양우씨 안정공파 평택의 입향조가 됐다. 따라서 마산리에 단양우씨 동족이 형성되는 계기가 되었다. 그의 묘는 우씨 묘역인 진위면 마산리 숲 안 말에 16기의 묘소가 있는데 그중에 가장 높은 곳에 있다.

## 박사란(朴思爛, 생몰년 미상)과 박처륜(朴處綸, 1445~1502) 그리고 박세호(朴世豪, 생몰년 미상)

박사란은 조선 초에 안중읍 덕우리 수촌마을에 정착한 고령박씨의 입향조(入鄕祖)다. 세종 20년(1438년) 무오(戊午) 식년시(式年試) 문과 급제해 사헌부 감찰과 성균관 전적을 역임했다. 세조 대위에 찰방(察訪)으로 참여한 공이 있어 원종공신(原從功臣) 3등에 녹훈됐다. 호가 잠조당(潛照堂)인 박처륜은 박사란의 장남이다. 박처륜은 성종 즉위년(1470년) 문과에 급제해 예문관에 들어가 검열이 되고 경연 전경 홍문관 정자를 겸하면서 신숙주 등과 함께 수찬관으로 『세종실록』, 『예종실록』을 편찬했다.

성종 25년(1494년) 관압사(管押使)로 연경(燕京)에 갔다가 돌아와 대사간이 되고, 홍문관 부제학·지제교를 역임했다. 형조참의를 거쳐 전라관찰사로 임명돼 선정으로 그 이름이 높았다. 한편, 박세호(朴世豪)는 호는 용휘(龍揮)로 박처륜의 아들이다. 중종 23년(1528년) 식년시(式年試) 문과에 급제하고 입사해 예조정랑을 거쳐 영월 부사를 역임했다. 중종조 기묘사화(己卯士禍)로 동문수학한 조광조(趙光祖)가 반대 당파에 해를 입게 되자 투옥됐다가 바로 사면됐다.

묘는 청북읍 옥길리 산 41-1번지 선영에 있다.


## 이탕(李宕, 1507~1584)의 아들 이정함(李廷銜, 1534~1599)과 이정암(李廷馣, 1541~1600)

퇴재(退齋) 이정함(李廷馠)은 오재공(悟齋公) 이탕(李宕)의 큰아들로 조선중기 선조 때 가재리 방혜동 경주이씨 국당공파(菊堂公派)의 입향조(入鄕祖)이다. 이탕은 중종 29년(1534년) 진사시에 급제하여 일찍부터 재명(才名)이 있었으며 강릉참봉(康陵 參奉), 귀후서별제(歸厚署別提), 의금부경력(義禁府經歷), 장악원직장(掌樂院直長), 사직서령(社稷署令) 등을 지냈다. 그는 특히 후학 양성 활동에 힘을 기울였고 오산부원군에 증직되었다. 이탕은 8명의 아들을 두었는데 1592년 임진왜란 당시 왜적의 침입을 맞아 가족이 여러 방면에서 활약하여 공을 세운 것으로 알려져 있다. 이탕의 큰아들 퇴제(退齊) 이정함(李廷銜)은 명종 13년(1558년)에 생원시에 합격하고 음직(蔭職)으로 삼례찰방(參禮察訪)에 보임되었다. 임진왜란 때 관군이 미곡을 가져다 썼으므로 그 공으로 당상에 오르고 오위장(五衛將)에 제수되었다. 당시 이정함은 포의(布衣) 신분이었지만 처한 상황 내에서 어떠한 방식으로든 나라 위기 극복에 도움을 주고자 한 이정함의 면모를 보여준다.

둘째 아들 이정암(李廷馣)은 1541년에 태어났고 호는 사류재(四留

齋) 또는 퇴우당(退憂堂)·월당(月塘)이다. 1558년에 진사가 되고 3년 후에, 식년문과에 급제하여 승문원에 등용되었다. 공조·예조·병조의 낭관 등을 거쳤고 명종실록 편찬에 참여하기도 했다. 1587년에는 동래부사가 되어 도요토미 히데요시의 명령으로 파견된 사신을 접대했고 1592년에는 이조참의가 되었다. 임진왜란 당시 이정암은 연안성전투에서 보여준 영웅적인 활동을 하였다. 1596년 이후 충청도 관찰사와 황해도 관찰사를 역임했다. 1599년에는 관직에서 물러나 고향에 돌아와서 『왜변록(倭變錄)』을 완성, 1년 후 1600년에 세상을 떠났다. 1604년 공신 책봉 시 선무공신 2등에 봉해졌고 좌의정에 추증되었고 월천부원군(月川府院君)에 봉해졌으며 충목(忠穆)이라는 시호가 내려졌다.

## 이승(李昇, 생몰년 미상)

이승 선생은 조선초 경주이씨 상서공파 진위 입향조이다. 사후에 이조참판(吏曹參判)에 추증됐고 묘는 진위면 동천리에 있다.

## 이양근(李養根, ?~1499)

이양근 선생은 포승에 많이 세거하는 함평이씨 대교공파조(待敎公派祖)이다. 1438년 무오(戊午) 식년시(式年試) 정과(丁科)에 합격했다. 집현전(集賢殿) 한림대교와 통예원통례 및 감찰 등을 역임했다. 묘는 포승읍 내기리 산10 번지에 있다.

## 김욱한(金頊漢, 1471~1536)

김욱한은 조선 세조 때 사육신 김문기의 후손으로 김녕김씨 평택 입향조다. 김문기 선생은 사육신의 한사람으로 삼족을 멸하는 중형이 집행됐고 손자 충윤은 상주에 정속(거주제한) 됐다. 충윤의 아들인 김욱한도 15세가 되면 연좌제 때문에 안산 산속에서 숯을 구어 연명하고 있는 백부(백부)를 찾아가 학문을 익히고 다시 서해 바닷길로 남하해 삼정리에 정착했다. 묘는 안중읍 삼정리 산 35번지다.

## 김세한(金世澣, 생몰년 미상)

광산김씨로 지산동 우곡의 광산김씨 파조(派祖)다. 중종 때 무과에 급제해 지방관을 지내고 훈련원 첨정(僉正)을 거쳐 명종 때 왜구가 극성을 부리던 시기로 주로 수군에서 활약했다. 이후 1555년 경상우도병마절도사(慶尙右道兵馬節度使), 1557년 경기수사(京畿水使), 1558년 화령부사(和寧府使), 1560년 강원도 순경사(江原道 巡警使) 등을 역임했다. 묘는 광산김씨 집성촌인 지산동 우곡에 있다.

## 황정호(黃珽豪, 1573~1638)

평택에 처음 정착한 상주황씨의 입향조(入鄕祖)이다. 사헌부 대사헌을 지낸 황우한(黃佑漢)의 둘째 아들로 태어났다. 관직은 행선교장으

로 사후 정3품인 통훈대부 사복시정(通訓大夫 司僕寺正)을 증직(贈職)
받았다. 묘는 포승읍 만호리 원기에 있다.


## 조택(趙澤, 1580~?)과 조방정(趙邦楨, 1602~1627) 및 조전(趙佺, 1631~1678)

조택 선생은 한양조씨로 선조 13년(1580년) 한양에서 첨추공(僉樞公) 조대용(趙大容)의 아들로 출생했다. 21세에 음관(蔭官)으로 이조좌랑(吏曹佐郎)에 오르고 정언과 교리 등을 거쳐 사예보덕(司藝補德)과 사간과 대사간(大司諫)을 두루 거쳤다. 인조 14년(1636년) 병자호란 때에는 척화(斥和)를 주장한 바 있다. 인조 25년(1647년) 오성면 죽리 대죽동으로 낙향해 많은 후학을 양성했고 후손의 번창을 이루게 했다. 따라서 조택 선생의 죽리 대죽동이 한양조씨(漢陽趙氏) 평택 지역의 입향조 격이다. 자는 중청이며 시호는 죽하(竹下)이다. 아들 조방정(趙邦楨, 1602~1627)은 선조 35년(1602년) 출생했고 인조 8년 음관으로 사복시의 판관을 제수받았고 또한 무과에 올라 부호군(副護軍)으로서 효종 때 북벌계획에 참여해 많은 강병을 양성하는 데 주력했다. 1660년 효종의 승하로 북진이 좌절되었고 1665년 판결사에 올랐다. 1668년 관직을 버리고 낙향했다. 조일(趙佺)은 조택(趙澤)의 손자로 현종 4년(1663년) 참봉에 제수됐다. 묘는 오성면 죽리 대죽동 선영에 있다.

## ▍서종흡(徐宗翕, 1677~1753)

서종흡은 달성서씨로 숙종 때 수원부 토진면 오봉산하(현, 청북읍 토진리)로 낙향해 그의 직계가 13대에 이르고 있다. 1733년 돈녕참봉을 시작으로 사재주부·금부도사·남청·별제·장악주부·사용·첨정 등을 역임했다. 관직에 있으면서 백성을 돕는 치정을 근본으로 하고 달성서문의 가통을 수호함으로써 많은 격찬을 받았다. 묘는 청북읍 토진리에 있다.

## ▍전언업(全彦業, 1707~?)

전언업은 천안전씨로 천안시 풍세면에서 1707년 전방대의 삼남으로 태어났다. 전언업은 포승읍 원정리로 이주하여 삶의 터전을 마련하였다. 천안전씨 시조 환성군의 52세로 문효공(文孝公) 휘상업파(諱尙業派) 문중의 파조(派祖)이다. 전언업은 검소와 간략 자수(自守)하여 일찍이 교만과 사치를 하지 않으며 기개가 뛰어나고, 지덕(智德)과 문무(文武)를 겸하여 매사에 절의(節義)를 세우고 나라에 충성(忠誠)하여 사후에 증 가선대부 형조참판겸오위고총부총관(贈嘉善大夫 刑曹參判兼五衛都摠府總管) 벼슬을 받았다. 종친회에서는 포승읍 원정리 당산에 사당 및 재평택천안전씨숭모비(在平澤天安全氏崇慕碑) 세웠다. 한편 '근본을 공경한다'라는 의미로 조상의 공덕에 대한 무한한 공경과 감사의 뜻을 기리고자 경원재(敬遠齋)를 설립했다. 조상께 매년 음력 10월 12일에 시향제를 지낸다. 천안전씨 대표적인 후손으로는 동학혁명의 지도자인 별호인 녹두장군이다.

## 3. 평택에서 세거하면서 역사와 전통을 이어가는 문중

우리 평택에 입향해서 뿌리를 내려 역사적인 인물을 배출하고 빛낸 성씨 동족 마을과 문중을 알아보는 것은 여러모로 아주 중요하다고 생각한다. 평택에 입향하게 된 시기와 동기는 문중마다 다르다. 630여 년 전에 평택에 내려와 정착한 유력 성씨는 진주소씨, 함평이씨, 연안차씨, 곡부공씨, 덕수장씨, 원주원씨, 경주이씨 등으로 조선 초가 된다. 세종 때 즉, 600여 년 전에 평택에 정착하게 된 유력 성씨는 봉화정씨, 고령박씨, 전주이씨, 삭녕최씨 등이다. 500여 년(조선 중종) 전부터 거주한 유력 성씨 문중은 연주현씨, 행주기씨, 순창조씨 등이다.

400여 년(조선 인조) 전부터 평택에 정착한 유력 성씨는 해주정씨, 온양방씨, 경주이씨, 김해김씨, 이천서씨, 문화류씨, 전의이씨, 청주한씨, 용인이씨, 상주황씨, 고령신시, 진주류씨, 원주이씨, 곤양배씨, 경주김씨, 풍양조씨, 전주이씨 광평대군파 등이다. 지금부터 평택에 300여(영조 때) 전부터 세거한 유력 성씨 집안은 전의이씨, 광산김씨, 여흥민씨, 교하노씨, 평해손씨, 남평문씨, 천안전씨, 청주한씨, 교동인씨, 달성서씨, 동래정씨, 영일정씨, 경주김씨, 강릉유씨, 진주강씨, 수원백씨, 경주김씨, 광주이씨, 예안이씨 등이다. 평택에 200여 년(순조 때)부터 세거한 유력 성씨는 강릉유씨, 진주강씨, 수원백씨, 경주김씨, 광주이씨, 예안이씨, 신창표씨 등이다. 마지막으로 최근 100여 년 전부터 입향해서 세거한 유력 성씨는 밀양박씨, 남원양씨, 양천허씨, 창원황씨, 청송심씨, 죽산안씨 등의 동족 마을이다. 한편 평택에 입향하게 된 동기는 조선 건국에 반대해서, 임진왜란과 병자호란의 피난에 의거, 그리고 지역적으로 한양에서 이거를 많이 했으며 평택 내에서는 진위에서 분거한 성씨가 많았다.

## 1) 유력 성씨 입향시기와 입향조 및 대표 동네

| 구분 | 유력 성씨 | 입향 시기 | 입향 동기 | 입향조 | 대표 동네 (집성촌) |
|---|---|---|---|---|---|
| 1 | 진주소씨(晉州蘇氏) 판도공파 | 고려 충숙왕 | 전공으로 진위현 하사받아 1374년 입향 | 소을경 | 동삭동(영신) |
| 2 | 함평이씨(咸平李氏) 대교공파/진사공파 | 고려말 | 고려말에 내기리 피신 | 이중길 | 포승읍 내기리, 희곡리 |
| 3 | 곡부공씨(曲阜孔氏) 어촌공파(漁村公派) | 고려말 | 고려멸망에 따른 두문동에 은거하다가 입향 | 공부 | 현덕면 대안리, 덕목리 |
| 4 | 연안차씨(延安車氏) 문절공파/월파공파 | 조선 태조 | 조선 건국에 따른 입향 | 차원부 차은재 | 장안동, 지제동, 서탄면 금암리 |
| 5 | 덕수장씨(德水張氏) 참판공파(參判公派) | 조선 태조 | 조선 건국 반대, 두문동에서 1398년 입향 | 장우 | 팽성읍 석근1리, 송화1리, 대사리 |
| 6 | 원주원씨(原州元氏) 원성백삼사좌윤공파 | 조선 태조 | 양주 송산에서 1398년 부터 도일동에 정착 | 원몽 | 도일동에 약 80가구 |
| 7 | 경주이씨(慶州李氏) 상서공파(尙書公派) | 조선 태조 | | 이승 | 진위면 동천리, 봉남리, 가곡리 거주 |
| 8 | 단양우씨(丹陽禹氏) 안정공파(安靖公派) | 조선 태종 | 조선 건국에 반대하여 개성에서 이거 | 우원유 | 진위면 마산리와 은산리 |
| 9 | 봉화정씨(奉化鄭氏) 문헌공파(文憲公派) | 세종 | | 정장손 | 진위면 은산리 |
| 10 | 고령박씨(高靈朴氏) 감사공파 | 세종 | | 박사란 | 청북면 덕우리 등 |

| 구분 | 유력 성씨 | 입향 시기 | 입향 동기 | 입향조 | 대표 동네 (집성촌) |
|---|---|---|---|---|---|
| 11 | 전주이씨(全州李氏) 덕천군파 | 세종 | 한양에서 이거 | 이윤 | 목곡리 띄우지 |
| 12 | 삭녕최씨(朔寧崔氏) 교동공파 | 세종 | 용인교도로 제수되어 이거 | 최경부 | 동삭동 영신마을 |
| 13 | 양성이씨(陽城李氏) 상서공파 | 세종 | 한양에서 벼슬하고 물러나 移居 | | 죽백동 |
| 14 | 수성최씨(隋城崔氏) 안이공파 | 세조 | | 최경 | 독곡리 |
| 15 | 전주이씨(全州李氏) 덕천군파 | 성종 | 한양에서 이거 | 이효숙 | 팽성읍 대사리 |
| 16 | 연주현씨(延州玄氏) 청단공파 | 성종 | 경북 밀양에서 이거 | 현준 | 현덕면 지산리 및 궁리 |
| 17 | 행주기씨(幸州奇氏) 당령공파 | 연산군 | 한양에서 기묘사화(己卯士禍)로 인해 이거 | 기대연 | 현덕 권관리, 당령마을 등 |
| 18 | 순창조씨(淳昌趙氏) 진위공파 | 중종 | | 조찬규 | 서탄면 내천리 등 |
| 19 | 안동김씨(安東金氏) 충렬공파 | 중종 | 파주에서 해주오씨와 혼인에 이거 | 김진 | 서탄면 사리와 포승읍, 청북면, 고덕면 |
| 20 | 전주이씨(全州李氏) 양녕대군파 | 명종 | 시흥에서 청송심씨와 혼인에 이거 | 이응기 | 현덕면 권관리 |
| 21 | 해주정씨(海州鄭氏) 생원공파 | 명종 | 한양에 移居 | 정수 | 팽성읍 근내리 등 |
| 22 | 온양방씨(溫陽方氏) 연의공파/간의공파 | 선조 | | 방치연 방덕룡 | 팽성읍 원정리, 내리, 대추리 등 |
| 23 | 경주이씨(慶州李氏) 국당공파 | 선조 | | 이정함 이환 | 지제리(방혜동), 송화3리 큰말 등 |
| 24 | 김해김씨(金海金氏) 안경공파 | 선조 | 임진왜란 피해 移居 | 김우진 | 진위면 갈곶리 등 |
| 25 | 이천서씨(利川徐氏) 양경공파 | 선조 | | 서윤건 | 진위면, 서탄면, 포승읍, 현덕면, 오성면 분포 |
| 26 | 문화류씨(文化柳氏) 수사공파 | 선조 | 한양에서 입사 거부에 의해 移居 | 유자 | 평택전역 분포 |
| 27 | 전의이씨(全義李氏) 문살공파 | 선조 | 한양에서 임진왜란 피해 移居 | 이여빈 | 독곡리 등 |

| 구분 | 유력 성씨 | 입향 시기 | 입향 동기 | 입향조 | 대표 동네 (집성촌) |
|---|---|---|---|---|---|
| 28 | 청주한씨(淸州韓氏) 양절공파 | 선조 | 임진왜란 피해 외가 진주소씨와 인연 移居 | 한군집 | 칠괴리 등 |
| 29 | 전의이씨(全義李氏) 부정공파 | 선조 | 임지왜란을 피해 이거 | | 포승읍 내기리 등 |
| 30 | 용인이씨(龍仁李氏) 참판공파(參判公派) | 선조 | 임지왜란 피해 처향인 함평이씨와 인연 이거 | 이진경 | 포승읍 만호리 등 |
| 31 | 상주황씨(尙州皇氏) 상산공파 | 선조 | 임진왜란을 피해 이거 | 황정호 황휘동 | 오성면 양교리 등 |
| 32 | 고령신씨(高靈申氏) 봉례공파(奉禮公派) | 선조 | 임진왜란 때 서해안 선편으로 이거 | 신부 | 청북면 고잔리, 도렴리, 삼계리 등 |
| 33 | 진주류씨(晉州柳氏) 하양공파 | 광해군 | 안성 대덕 진현리에서 이거 | 유팔원 | 동호리 등 |
| 34 | 연주현씨(延州玄氏) 판관공파 | 인조 | 병자호란을 피해 이거 | 현검 | 현촌지구 등 |
| 35 | 평택임씨(平澤林氏) 갈곡공파 | 인조 | 병자호란을 피해 이거 | 임상한 | 진위면 가곡리 등 |
| 36 | 김해김씨(金海金氏) 안경공파 | 인조 | 진위 갈곶리에서 분거 | | 고덕면 궁리 등 |
| 37 | 한양조씨(漢陽趙氏) 참판공파 | 인조 | | 조택 | 오성면 죽리 등 |
| 38 | 충주지씨(忠州池氏) 참의공파 | 인조 | 벼슬을 사양 | 지응조 | 오성면 대반리 등 |
| 39 | 평택임씨(平澤林氏) 갈곡공파 | 인조 | 병자호란을 피해 이거 | 임진목 | 청북면 고잔 중평 |
| 40 | 원주이씨(原州李氏) 동정공파 | 인조 | 한양에서 병자호란을 피해 이거 | 이철 | 포승읍 석정리 |
| 41 | 곤양배씨(昆陽裵氏) 곤산군파 | 인조 | 한양에서 이거 | 배명삼 | 현덕면 천곡 등 |
| 42 | 경주김씨(慶州金氏) 갈천공파 | 인조 | 경기 광주에서 병자호란을 피해 이거 | 김신감 | 대안리 등 평택에 분포 |
| 43 | 풍양조씨(豐壤趙氏) 추양공파 | 인조 | 김포에서 이거 | 조세강 조세견 | 현덕면 광덕리 등 |
| 44 | 전주이씨(全州李氏) 광평대군파 | 인조 | 한양에서 이거 | 이석신 | |

 평택정치 인사이더와 아웃사이더

| 구분 | 유력 성씨 | 입향 시기 | 입향 동기 | 입향조 | 대표 동네 (집성촌) |
|---|---|---|---|---|---|
| 45 | 전의이씨(全義李氏) 예장공파 | 효종 | 난을 피해 이거 | 이긍모 | 오성면 금곡리 등 |
| 46 | 광산김씨(光山金氏) 문원공파 | 효종 | | 김익경 | 지산동, 청북면 옥길리 등 |
| 47 | 여흥민씨(驪興閔氏) 유수공장파 | 숙종 | 자손과 연관, 조상으로부터 계시 | 민영로 | 세교동 등 |
| 48 | 전주이씨(全州李氏) 운천공파 | 숙종 | 한양에서 이거 | 이말봉 | 지제동(울성리) |
| 49 | 교하노씨(交河盧氏) 창성군파 | 숙종 | 한양에서 이거 | 노덕수 | 동삭동 |
| 50 | 평해손씨(平海孫氏) 문정공파 | 숙종 | 충북 중원에서 이거 | 손응룡 | 평택 서부 지역 5개 읍면동에 분포 |
| 51 | 남평문씨(南平文氏) 순질공파 | 숙종 | 용인 이동 목산 이거 | 문일신 | 청북면 표포리 등 |
| 52 | 전주이씨(全州李氏) 효령대군파 | 숙종 | 평창이씨와 혼인에 이거 | 이보령 | 청북면 덕우리 등 |
| 53 | 김해김씨(金海金氏) 판도판서공파 | 숙종 | | 김영수 | 청북면 삼계리 등 |
| 54 | 천안전씨(天安全氏) 문효공 휘상업파 | 숙종 | | 전언업 | 포승읍 원정리 |
| 55 | 청주한씨(淸州韓氏) 문정공파 | 숙종 | 경기 광주 돌마 율리 이거 | 한병 | 현덕면 대안리, 학진리, 포승읍에도 분포 |
| 56 | 교동인씨(喬桐人氏) 현령공파 | 숙종 | 충남 당진 오천 죽동에서 이거 | 인홍계 | 현덕면 대안리 등 |
| 57 | 달성서씨(達城徐氏) 도위공파 | 숙종 | 한양에서 이거 | 서종용 | 청북면 토진리, 한산리, 포승읍 신영리 등 |
| 58 | 동래정씨(東萊鄭氏) 창원공파 | 경종 | 외가 전주이씨 영웅대군파와 인연 | | 현덕면 황산리 등 |
| 59 | 전주이씨(全州李氏) 의안대군파 | 영조 | 광주 돌마 율리에서 이거 | 이후석 | 서탄면 회화리 등 |
| 60 | 영일정씨(迎日鄭氏) | 영조 | | 정번한 | |
| 61 | 경주김씨(慶州金氏) 공호공파 | 영조 | | 김만중 | 현덕면 운정리 |

| 구분 | 유력 성씨 | 입향 시기 | 입향 동기 | 입향조 | 대표 동네 (집성촌) |
|---|---|---|---|---|---|
| 62 | 강릉유씨(江陵劉氏) 경력공파 | 정조 | 수원 서호에서 천주교 박해를 피해 이거 | 유웅기 | 팽성읍 원정리 등 |
| 63 | 진주강씨(晉州姜氏) 숙헌공파 | 순조 | | 강준회 | 팽성읍 남산리 등 각 파별 시내 분포 |
| 64 | 수원백씨(水源白氏) 죽산공파 | 순조 | 충남 홍성 해미에서 동학난을 피해 이거 | 백동인 | 팽성읍 본정리, 새나리 |
| 65 | 경주김씨(慶州金氏) 유촌공파 | 순조 | 송탄 지산동에서 분거 | 김선복 | 진위면 고현리 등 |
| 66 | 광주이씨(廣州李氏) 광릉부원공파 | 순조 | 한양에서 벼슬을 사직하고 이거 | 이기신 | 진위면 하북리 등 |
| 67 | 예안이씨(禮安李氏) 익양공파 | 순조 | 남양에서 이거 | 이용완 | 고덕면 당현리 등 |
| 68 | 달성서씨(達城徐氏) 도위공파(都尉公派) | 순조 | | 서영수 | 오성면 교포리 등 |
| 69 | 경주김씨(慶州金氏) 구령공파 | 순조 | 송탄 장항리에서 분거 | 김교순 | 오성면 창내리 등 |
| 70 | 전주이씨(全州李氏) 육원대군파 | 순조 | 안동김씨의 세도정치에 반대 | 이응현 | 한양…▸광주 돌마면 양교리로 이거 |
| 71 | 신창표씨(新昌表氏) 하우공파 | 순조 | | 표수 | 오성면 금곡리 등 |
| 72 | 경주김씨(慶州金氏) 공호공파 | 순조 | | 김세호 | 청북면 고잔리, 후평마을 |
| 73 | 경주김씨(慶州金氏) 공호공파 | 순조 | | 김낙운 | 청북면 어소리 등 |
| 74 | 경주김씨(慶州金氏) 갈천공파 | 순조 | | 김학 | 청북면 어소리 등 |
| 75 | 경주김씨(慶州金氏) 갈천공파 | 순조 이후 | | | 현덕면 운정리 |
| 76 | 경주김씨(慶州金氏) 상촌공파 | 순조 | | 김흥호 | 송탄 지산동 |
| 77 | 광주이씨(廣州李氏) 광릉부원군파 | 순조 | 승지직에서 물러나 진위 하북에 정착 | 이기신 | 진위면 하북리에서 분거, 장당리 등 |
| 78 | 김녕김씨(金寧金氏) 백촌공파 | 헌종 | | 김전규 | 세교동 은실 |

| 구분 | 유력 성씨 | 입향 시기 | 입향 동기 | 입향조 | 대표 동네 (집성촌) |
|---|---|---|---|---|---|
| 79 | 밀양박씨(密陽朴氏) 밀성대군파 | 헌종 | | 박하용 | 진위면, 팽성 두리, 서탄 회화리 |
| 80 | 경주김씨(慶州金氏) 구령공파 | 헌종 이후 | | | 고덕면 해창리 등 |
| 81 | 경주김씨(慶州金氏) 공절공파 | 헌종 | | 김정량 | 오성면 학현리 등 |
| 82 | 경주김씨(慶州金氏) 공명공파 | 헌종 | | 김학구 | 청북면 삼계리 등 |
| 83 | 밀양박씨(密陽朴氏) 밀성군파 | 헌종 이후 | 진위면에서 분거 | | 서탄면 회화리 |
| 84 | 경주김씨(慶州金氏) 구령공파 | 헌종 이후 | 송탄 장항리에서 분거 | | 고덕면 해창리 등 |
| 85 | 밀양박씨(密陽朴氏) 밀성대군파 | 헌종 이후 | 진위면에서 분거 | | 오성면 대반리 등 |
| 86 | 밀양박씨(密陽朴氏) 밀성대군파 | 헌종 이후 | 진위면에서 분거 | | 포승읍 만호리 등 |
| 87 | 경주김씨(慶州金氏) 판사공파 | 헌종 | | 김규희 | 현덕면 장수리 등 |
| 88 | 경주김씨(慶州金氏) 구령공파 | 헌종 | 을사사화로 인해 이거 | 김국신 | 장항리 등 |
| 89 | 경주김씨(慶州金氏) 부제학공파 | 철종 | | 김보호 | 청북면 염염리 등 |
| 90 | 경주김씨(慶州金氏) 공호공파 | 철종 | 청북 삼계리에서 분거 | 김봉식 | 청북면 옥길리 등 |
| 91 | 전주이씨(全州李氏) 양녕대군파 | 철종 | 충남 서산에서 원정리로가서 정착하라는 조상 현몽에 의해 이거 | 이승소 | 원정리 등 |
| 92 | 남원양씨(南原梁氏) 장영공파 | 고종 | 직산에서 진주유씨와 혼인으로 이거 | 양해성 | 충주⋯신풍⋯ 직산⋯평택동 삭리 |
| 93 | 경주김씨(慶州金氏) 판윤공파 | 고종 | | 김우상 | 팽성읍 두정리 등 |
| 94 | 밀양박씨(密陽朴氏) 이락당공파 | 고종 | 아산 영인 강청리에서 이거 | 박원용 | 팽성읍 두리 등 |
| 95 | 양천허씨(陽川許氏) 상우당공파 | 고종 | 안성 대덕 소동에서 이거 | 허횡 | 팽성읍 부용리 등 |

| 구분 | 유력 성씨 | 입향 시기 | 입향 동기 | 입향조 | 대표 동네 (집성촌) |
|---|---|---|---|---|---|
| 96 | 창원황씨(昌原黃氏) 구산공파 | 고종 | 양성 현감으로 재임하다 이거 | 황춘득 | 팽성읍 신대리 등 |
| 97 | 청송심씨(靑松沈氏) 안효공파 | 고종 | 충남 아산에서 이거 | 심정도 | 부용리 등 |
| 98 | 평택임씨(平澤林氏) 갈곡공파 | 고종 | 진위 가곡리에서 분거 | 임춘근 | 오성면 신리 등 |
| 99 | 죽산안씨(竹山安氏) 죽산군파 | 고종 | 광산 김씨와 혼인에 의해 이거 | 안철수 | 청북에 분포 |
| 100 | 전주이씨(全州李氏) 효령대군파 | 고종 | 화성 자안 어은리에서 이거 | 이원우 | 청북면 고잔리 등 |
| 101 | 전주이씨(全州李氏) 살안대군파 | 고종 |  | 이주봉 | 포승읍 만호리 등 |
| 102 | 청주한씨(淸州韓氏) 이절공파 | 고종 | 용인에서 처가 수성최씨와 인연 |  |  |

## 2) 유력한 평택의 성씨별 입향한 시기 및 순서

| 구분 | 왕(임금) | 즉위기간 | 평택에 처음으로 입향한 유력 성씨 |
|---|---|---|---|
| 고려 | 충숙왕 | 1294~1339(24년) | 晉州蘇氏 |
| 고려 | 고려말 |  | 咸平李氏 |
| 고려 | 고려말 |  | 曲阜孔氏 |
| 1대 | 조선태조 | 1392~1398(6년) | 延安車氏, 慶州李氏, 德水張氏, 原州元氏, 慶州李氏 |
| 2대 | 정종 | 1398~1400(2년) |  |
| 3대 | 태종 | 1400~1418(18년) | 丹陽禹氏 |
| 4대 | 세종 | 1418~1450(32년) | 奉化鄭氏, 高靈朴氏, 全州李氏, 朔寧崔氏, 陽城李氏 |
| 5대 | 문종 | 1450~1452(2년) |  |
| 6대 | 단종 | 1425~1455(3년) |  |
| 7대 | 세조 | 1455~1468(13년) |  |
| 8대 | 예종 | 1468~1469(1년) |  |

| 구분 | 왕(임금) | 즉위기간 | 평택에 처음으로 입향한 유력 성씨 |
| --- | --- | --- | --- |
| 9대 | 성종 | 1469~1494(25년) | 全州李氏, 燕州玄氏 |
| 10대 | 연산군 | 1494~1506(12년) | 幸州奇氏 |
| 11대 | 중종 | 1506~1544(38년) | 淳昌趙氏, 安東金氏 |
| 12대 | 인종 | 1544~1545(1년) | |
| 13대 | 명종 | 1545~1567(22년) | 全州李氏, 海州鄭氏 |
| 14대 | 선조 | 1567~1608(41년) | 溫陽方氏, 慶州李氏, 金海金氏, 利川徐氏, 文化柳氏<br>全義李氏, 龍仁李氏, 尙州黃氏, 高靈申氏, 晉州柳氏 |
| 15대 | 광해군 | 1608~1623(15년) | 晉州柳氏 |
| 16대 | 인조 | 1623~1649(26년) | 延州玄氏, 平澤林氏, 金海金氏, 漢陽趙氏, 忠州池氏<br>平澤林氏, 原州李氏, 昆陽裵氏, 慶州金氏, 豊壤趙氏<br>全州李氏(광대군파) |
| 17대 | 효종 | 1649~1659(10년) | 全義李氏(예장공파), 光山金氏(문원공파) |
| 18대 | 현종 | 1659~1674(15년) | |
| 19대 | 숙종 | 1674~1720(46년) | 驪興閔氏, 全州李氏, 交河盧氏, 平海孫氏, 南平文氏<br>全州李氏, 金海金氏, 天安全氏, 淸州韓氏, 喬桐人氏<br>達城徐氏, 全州李氏, 迎日鄭氏, 慶州金氏, 江陵劉氏 |
| 20대 | 경종 | 1720~1724(4년) | 東萊鄭氏 |
| 21대 | 영조 | 1724~1776(52년) | 全州李氏, 迎日鄭氏, 慶州金氏 |
| 22대 | 정조 | 1776~1800(24년) | 江陵劉氏 |
| 23대 | 순조 | 1800~1834(34년) | 晉州姜氏, 水原白氏, 慶州金氏, 廣州李氏, 禮安李氏<br>達城徐氏, 慶州金氏, 全州李氏, 新昌表氏, 慶州金氏<br>慶州金氏, 慶州金氏, 慶州金氏, 慶州金氏, 廣州李氏 |
| 24대 | 헌종 | 1834~1849(15년) | 金寧金氏, 慶州金氏, 密陽朴氏, 慶州金氏, 慶州金氏<br>慶州金氏, 密陽朴氏, 密陽朴氏, 慶州金氏, 密陽朴氏<br>密陽朴氏, 慶州金氏, 慶州金氏, |
| 25대 | 철종 | 1849~1863(14년) | 晉州蘇氏, 慶州金氏, 慶州金氏, 全州李氏 |
| 26대 | 고종 | 1863~1907(44년) | 南原梁氏, 慶州金氏, 密陽朴氏, 陽川許氏, 昌原黃氏<br>靑松沈氏, 平澤林氏, 竹山安氏, 晉州李氏, 全州李氏<br>淸州韓氏 |
| 27대 | 순종 | 1907~1910(3년) | |

# 3) 평택서 거주하고 있으나 입향시기 및 입향조가 파악이 안 되는 유력 성씨

| 구분 | 유력 성씨 | 입향 동기 | 입향조 | 대표 동네 |
|---|---|---|---|---|
| 1 | 제주고씨(濟州高氏)<br>문충공파 | | | 진위 가곡리<br>평택 시내 등 |
| 2 | 강릉김씨(江陵金氏)<br>지산군파 | | 金男益<br>金男用 | |
| 3 | 아산이씨(牙山李氏) | | | |
| 4 | 완산전씨(完山全氏) | | 全鳳和 | |
| 5 | 평강전씨(平康全氏) | | | |
| 6 | 창녕조씨(昌寧曺氏)<br>승지공파 | | 趙秉悳 | |
| 7 | 남양홍씨(南陽洪氏)<br>남양공파 | 한광학원 설립 계기 | 洪性英 | |
| 8 | 안동권씨(安東權氏)<br>구밀공파 | | | |
| 9 | 선산김씨(善山金氏) | | | |
| 10 | 창녕김씨(昌寧金氏) | | | |
| 11 | 청주곽씨(淸州郭氏) | | | 팽성두정 20세대 |
| 12 | 경주김씨(慶州金氏)<br>공호공파 | | | 팽성대사 20세대 |
| 13 | 진주유씨(晉州柳氏)<br>하양공파 | | | |
| 14 | 남원양씨(南原梁氏)<br>문양공파 | | | 팽성 두정리 등 |
| 15 | 여흥이씨(驪興李氏)<br>인덕공파 | | | 팽성 신호리 |
| 16 | 정선전씨(旌善全氏) | | 全炳奎 | |
| 17 | 남양홍씨(南陽洪氏)<br>문정공파 | | 洪信義<br>洪性麟 | 팽성 동창리 |

| 구분 | 유력 성씨 | 입향 동기 | 입향조 | 대표 동네 |
| --- | --- | --- | --- | --- |
| 18 | 남양홍씨(南陽洪氏)<br>문정공파 | | 洪錫宰 | 진위 동천리 |
| 19 | 전주최씨(全州崔氏) | | | 서탄내천 20세대 |
| 20 | 남양홍씨(南陽洪氏)<br>익산군파 | | 洪敏燮 | 고덕면에 분포 |
| 17 | 전주이씨(全州李氏)<br>안풍대군파 | | 李鎬燮 | 오성 학현리 등 |
| 18 | 단양장씨(丹陽張氏) | | | 오성삼정 15세대 |
| 19 | 경주정씨(慶州鄭氏) | | | 오성대반 40세대 |
| 20 | 남양홍씨(南陽洪氏)<br>익산군파 | | 洪承基 | 오성면내 25세대 |
| 21 | 순천박씨(順天朴氏) | | | 청북덕우 15세대 |
| 22 | 남양홍씨(南陽洪氏)<br>익성부원군파 | | 洪淳鎬 | 청북 삼계리 |
| 23 | 홍천용씨(洪川龍氏)<br>판서공파 | | 韓雲子 | 청북 현곡 신포 |
| 24 | 반남박씨(潘南朴氏)<br>호군공파 | | | 포승석정 40세대 |
| 25 | 수성최씨(隋城崔氏) | | | 포승내기 70세대 |
| 26 | 남양홍씨(南陽洪氏)<br>태사공파 | | 洪德基 | 포승신영 15세대 |
| 27 | 수성최씨(隋城崔氏) | | | 현덕 도대, 권관 |
| 28 | 남양홍씨(南陽洪氏)<br>익산군파 | | 洪在龍 | 현덕면 25세대 |
| 29 | 고령김씨(高靈金氏) | | | 현덕대안 30세대 |
| 30 | 청풍김씨(淸風金氏) | | | 지산동 |
| 31 | 순흥안씨(純興安氏) | | | 두정리, 마산리 |

# 4. 평택에서 많은 인물을 배출한 성씨

| 성씨(총괄) | 성씨 특징 | 왕성하게 활동한 인물 |
|---|---|---|
| 진주소씨<br>(晉州蘇氏) | | |
| 연안차씨<br>(延安車氏) | | 차규헌 장군/장관, 차동민 대검차장, 차동영 철학박사, 차화열 위원장 |
| 곡부공씨<br>(曲阜孔氏) | 중국 공자에서 유래 | 공재광 전시장 |
| 함평이씨<br>(咸平李氏) | 문무를 겸비한 문중으로 최근에 다분야에서 특히 정계 및 관계에서 제일 많이 인재를 배출함. | 이대원 장군, 이자헌 의원/장관, 이계안 의원/총장, 이계철 위원장, 이계은 회장 |
| 덕수장씨<br>(德水張氏) | 고려가 원나라 속국시 충렬왕 부인 제국대장공주 수행원 장순룡에 의거 유래 | 장우, 장습, 장준/장현근 효자부자, 장석진 학자, 장순환 교장, 장경웅 공인회계사, 장돈수 대표 |
| 원주원씨<br>(原州元氏) | 조선시대 평택의 대표적인 무인 집안으로 원균장군 등을 배출한 명문 집안 | 원균 장군, 원연 장군, 원심창 의사, 원유철 의원, 원진식 차관 |
| 봉화정씨<br>(奉化鄭氏) | 조선 개국의 설계자 삼봉 정도전후손 집안, 진위면 은산리 | 정도전, 정진, 정진우 중앙지검장 |
| 수성최씨<br>(隋城崔氏) | 송북동 오좌동 | 최유림 장군 |
| 고령박씨<br>(高靈朴氏) | 진위면 봉남3리 | 박문수 암행어사 |
| 온양방씨<br>(溫陽方氏) | 팽성읍 원정리 | 방덕룡 장군, 방효선 공인회계사, 방효필 박사 |
| 전주이씨<br>(全州李氏) | 팽성읍 두정리 | 이광섭 교장 |
| 해주정씨<br>(海州鄭氏) | 팽성읍 근내리 | 정담수 |
| 단양우씨<br>(丹陽禹氏) | 진위면 마산리 | 우제항 국회의원 |
| 김해김씨<br>(金海金氏) | 진위면 갈곶리 | 김선기 평택시장 |

| 성씨(총괄) | 성씨 특징 | 왕성하게 활동한 인물 |
| --- | --- | --- |
| 광산김씨<br>(光山金氏) | 북부 신장동 | 김영광 국회의원 |
| 경주이씨<br>(慶州李氏) | 상서공파와 국당공파 | (상서공파)이세필 진위현령, 이광좌 영의정, 이태좌 좌의정, 이종성 영의정 (국당공파)이정함 선생, 이정암 장군, 이종욱 장군, 이정우 JESS 회장, 이치우 고려대 명예교수, 이종혁 태국교민회장 |
| 고령박씨<br>(高靈朴氏) |  | 암행어사 박문수 |
| 천안전씨<br>(天安全氏) | 동학혁명 녹두 전봉준 장군 집안 | 전명수 서평택환경위원회 위원장 |
| 용인이씨<br>(龍仁李氏) |  | 이주상 도의원 |
| 순흥안씨<br>(純興安氏) |  | 안재홍 선생 |

# 5. 충효정문(忠孝旌門) 또는 사당(祠堂)이 건립된 문중

## 1) 정문 및 사당 개념

전근대 국가에서 효자(孝子)·충신(忠臣)·열녀(烈女)들이 살던 마을 입구 또는 살던 집 앞에 그 행실을 널리 알리고 본받게 하려고 세운 붉은 문을 말하며 홍문(紅門)·홍살문이라고도 한다. 그 행실을 널리 알리고 표창하는 것을 정표(旌表), 그 일을 정려(旌閭)라고 했다. 정려(旌閭)란 풍속을 권장하기 위하여 충신·효자·열녀 등 모범이 되는 사람을 표창하고자 그 사람이 사는 마을 입구나 집 문 앞에 세우던 붉은 문이다. 작계(綽禊) 홍문(紅門)이라고도 하며 항간에서는 홍살문이라 부른

다. 충·효·열(忠·孝·烈)등의 글자를 새겨 포창(褒彰)의 종류를 표시하
고 이름이나 직함을 새겼다.

조선은 성리학을 통치 이념으로 하면서 유교 가치관을 확산시켰는데
그 가운데 하나가 유교적 윤리 규범에 따른 선행을 장려하는 일이었다.
그 가치 기준에 합당한 인물, 곧 효자, 순손(順孫)·의부·절부 등을 가
려 뽑아 예조에 보고하도록 하고 정문·복호·상직·절부 등으로 정표했
다. 때로는 면천(免賤)을 통한 신분 상승의 기회도 주어졌다. 조선의 정
표 정책은 고려의 것을 계승하여 태조 즉위년(1392년) 7월부터 시작하
여 순종 때까지 이어졌다. 군주가 즉위하면 충신·효자·의부·절부에 대
해 각 지방에서 보고하도록 했다.

세종 대에는 효자에게 벼슬을 내릴 때 없던 사람이면 종9품, 원래 벼
슬이 있던 사람이면 1자급을 올려주는 법령을 만들었다. 그러나 이러
한 법령이 있어도 관찰사나 수령이 이 업무를 충실하게 거행하지 않았
던 것으로 보인다. 따라서 업무를 게을리 한 자를 처벌하는 규정도 마
련했지만 뜻대로 되지 않았다. 효(孝)·우애(友愛)·절의(節義) 자로서 복
호가 된 자는 죽더라도 처(妻)가 살아 있으면 그 혜택을 받았다. 이러한
업무를 게을리한 수령은 관찰사가 출척했다.

성종 대에는 효자를 관직에 서용할 경우 각 관찰사에게 명하여 상경
시켜 그 인물을 조상해서 재능에 따라 서용시키기도 했다. 16세기에 들
어 유교 교화의 강조와 함께 정표가 확대되었는데 중종 대에는 연산군

때 무너뜨린 정문을 다시 세우고 정표를 확대하기도 했다. 임진왜란은 이러한 유교 질서에 대한 커다란 타격을 가해 이후 각종 문건이 없어져 정표가 쉽지 않았다. 그러나 임진왜란 때 효자·충신·열녀들의 실제 행적을 모아 『동국신속삼강행실도 東國新續三綱行實圖』를 만들었다.

15~17세기에 효로 포상받은 자의 신분을 보면 사족이 차지하는 비율은 점차 줄고 양인과 천민이 차지하는 비율이 많이 늘어났다. 정표는 대단한 명예로 여길 뿐만 아니라 잡역을 면제받기 때문에 향촌 사회에서는 정려를 둘러싼 이해관계가 날카롭게 대립하기도 했다. 또 혈연관계 혹은 학문적 인연을 맺은 집단이 군현에서 정표를 요청하는 일도 잦았다.

사당(祠堂)은 조상 혹은 위인이나 성현의 신주(神主)를 모셔 놓은 건물이다. 제사를 지내는 집안의 사당의 의미와 통한다. 사당은 일반 가문이라도 세울 수 있었으나, 한국에서는 조선시대의 주자가례에 따라 둘이 동일시되었다. 성리학을 중시한 조선시대에는 사당의 건립이 철저히 중시되었다. 조상의 신주를 모셔 놓으면 가묘(家廟), 왕실의 경우는 종묘라고 한다.

## 2) 평택 정문 현황

| 번호 | 명칭 | 소재지 | 비고 |
| --- | --- | --- | --- |
| 1 | 덕수장씨 장준·장현근 부자 효자정문 | 팽성읍 석근1길 22-7 | 장준·장현근 효자의 효성에 감탄, 순조 때 건립 |

| 번호 | 명칭 | 소재지 | 비고 |
|---|---|---|---|
| 2 | 해주정씨 일가 효열정문 | 팽성읍 근내리(근내골) | 정하교 효자정문, 경주김씨 진주강씨 열녀정문, 고종 29년 |
| 3 | 덕수장씨 열녀각 | 팽성읍 근내리 | 유림 발의, 관아 장계 |
| 4 | 청주한씨 열녀문 | 팽성읍 대사리 | 진원군 일가 절조, 인조 15년 |
| 5 | 온양방씨 충효정문 | 팽성읍 원정1길 26-4 | 노량해전 전사한 방덕룡과 방일찬, 방이흡, 방시중 4명 |
| 6 | 경주이씨 효자정문 | 현덕면 신왕리 185-21 | 광덕학구노인회 건립, 1982년 |
| 7 | 이경혁 효자정문 | 현덕면 덕목2리 | 조선 후기 효자, 고종 22년 |
| 8 | 교동인씨 열녀문 | 현덕면 덕목5리(은곡) | 교동인씨, 부인 효열비와 진동형의 비, 고종 24년 |
| 9 | 정인묵 효자문 | 현덕면 황산1리 72 | 선조들 묘소 제위토 마련 효도 조정에 알려짐, 1992년 |
| 10 | 김정한 효자비 | 현덕면 장수리 | 효성과 효자비 건립, 1937년 |
| 11 | 박재만 효자비 | 안중읍 덕우리 산54(수촌) | 효자문 교지 효자각, 고종 23년 |
| 12 | 청주한씨 열녀정문 | 안중읍 안중5리 산32 | 남편 원수 갚고 자수, 29년 건립, 소실돼 1929년 재건립 |
| 13 | 정술선 효자정문 | 안중읍 안중5리 산32 | 고종 27년에 효자정문이 내려짐 |
| 14 | 정덕봉·정술제 효자정문 | 안중읍 안중5리 산32 | 영·정조 때 정덕봉과 정술제의 효행을 기림, 고종 22년 |
| 15 | 김봉익 효자정문 | 안중읍 학현3리 216-1 | 김복익 효행 기림, 현종 10년 |
| 16 | 이효순 효열비 | 진위면 가곡리 | 화성유림회에서 표창, 1975년 |
| 17 | 최성익 효자정문 | 포승읍 도곡리 산36 | 최성익 효행을 기림, 1955년 |
| 18 | 양세 충효정문 | 송탄동 도일리 82(안골) | 원연과 원사립 부자의 충성과 효성 기림, 1829년 |
| 19 | 이성부 충절정문 | 송탄동 도일리(상리) | 1624년 이괄의 난에 패하자 자결, 숙종 10년 |

| 번호 | 명칭 | 소재지 | 비고 |
|---|---|---|---|
| 20 | 유상순 효자정문 | 신평동 유천리 | 고종 21년 정문 하사, 유실 상황 |
| 21 | 한온 장군 충신정문 | 서탄면 금암리 594 | 서탄 출신 한온 장군의 을미 왜변 전사, 숙종 22년 |
| 22 | 의성김씨 일가 효열정문 | 고덕면 당현리 | 의성김씨 일가 효열정문 4대 걸쳐 한 가문, 철종 11년 |
| 23 | 허곡 효자정문 | 죽백동 산81 | 양천허씨 어머니에 대한 효행 감동, 영조 35년 |
| 24 | 조한기의 처 전의이씨 효부정문 | 월곡동 60 | 유림에서 효부라 칭해 나라에 상신, 순조 26년 |
| 25 | 오학린 효자비 | 청북면 어소리 | 1908년 건립 |

## 3) 평택 사당(祠堂) 현황

| 번호 | 명칭 | 소재지 | 비고 |
|---|---|---|---|
| 1 | 원균 사당 (元均 祠堂) | 도일동 산 84 | 원주원씨 평택종중 |
| 2 | 수성군 사당 (수성군 祠堂) | 독곡동 산 53(오좌동) | 수성최씨종친회 |
| 3 | 충정사 (忠靖司) | 팽성읍 근내리(근내골) | 해주정씨종친회 |
| 4 | 정도전 선생 祠堂 (文憲祠) | 진위면 은산2리 189(방촌) | 봉화정씨문헌공종회 |
| 5 | 고령신씨 사당 (申叔舟 祠堂) | 청북읍 고잔3리 905(원고잔) | 고령신씨종친회 |
| 6 | 이대원 장군 사당 (李大源將軍 祠堂) | 포승읍 희곡리 산 83-5 | 함평이씨평택대종회 |
| 7 | 경원재 (敬遠齋) | 포승읍 원정리 당산 | 천안전씨 문효공 동래공파 휘상업 종친회 |

# 제2장

# 조선시대 전·후 평택 정치인 및 관료

## 1. 개요

조선시대에 평택에서 출생했거나 본가가 있는 인물로 정치 및 관료로 성공한 인물을 알아본다. 즉, 이지강, 황효원, 홍윤성, 소숙, 최언호, 홍익한, 이재, 남두징, 김만균, 이태좌, 이광좌, 박문수, 이종성, 이계조, 윤종의, 김재현 등이다. 다음은 평택 밖에서 출생했지만 평택에서 정신이 살아 숨 쉬는 원효대사, 조선 건국의 기획자 정도전, 외교전문가 신숙주, 개혁가 조광조, 대동법 시행의 김육, 삼학사 오달제, 심순택 선생을 알아본다.

## 2. 평택 출신 인물

### ▎이지강(李之剛, 1362~1427)

　이지강 선생은 광주이씨로 판정교시사(判典校寺事) 이집(李集)의 아들이다. 임술년(壬戌年)에 과거에 올라 의정부(議政府) 사인과 사헌부(司憲府) 장령(掌令)이 됐다 이후 한성 부윤(漢城 府尹)·경상도(慶尙道) 관찰사(觀察使)·형조참판(刑曹參判)·호조참판(戶曹參判)·평안도 감사(平安道 監司)·예조판서(禮曹判書)·의정부참판(議政府參判) 겸(兼) 대사헌(大司憲)을 역임하고 중군도출제 65세에 관직을 떠났다. 천성이 청렴하고 간략해 이르는 곳마다 성망과 공적이 있었다. 시호는 문숙(文肅)이고 자는 중잠(仲潛)이다.

### ▎황효원(黃孝源, 1414~1481)

　황효원 선생은 상주황씨로 세종 26년(1444년) 식년문과(式年文科)에 장원(壯元)해 예빈시(禮賓寺) 주부가 되고 예조좌랑(禮曹佐郎), 좌헌납(左獻納) 이조정랑(吏曹正郎)을 역임했다. 단종 즉위년(1453년) 검상을 거쳐 사인에 승진되고, 1454년 사복 시윤에 승진됐다. 1455년 수양대군이 세조 즉위에 협력한 공으로 추충좌익공신 3등(推忠佐翼功臣 3等)에 책록되었다. 같은 해 1454년 이조참의(吏曹參議)와 호조참판(戶曹參判)에 승진되면서 상산군에 봉해졌다. 1458년 대사헌(大司憲)이 되고 형조참판을 거쳐 충청도 관찰사로 나갔으며 이듬해 예조참판이 됐다가 경기도 관찰사로 나아갔다. 1460년 경기 감사로 재임 시 진위현(平澤)을 순시할 때 현이 쇠약해 관노비와 지대(支待)가 없어 모든 일을 촌민들이 하는 것을 보고 해남에 있는 노비 26명을 배에 싣고 와 진위현(平澤)에 주어 영구 관노비로 삼게 했다. 대신이 이를 임금에게 아뢰어 특별히 복호(復戶)와 60결의 땅을 포상으로 받았다. 1470년 우참찬이 되고 1471년 성종의 즉위를 보좌한 공으로 좌리공신 4등(佐理功臣 4等)이 됐다. 자는 사행(士行), 호는 소원(小原)이며 익호는 양평(襄平)이다.

## ▮ 홍윤성(洪允成, 1425~1475)

홍윤성은 회인홍씨로 문종 즉위년(1450년) 식년문과(式年文科)에 병과(丙科)로 급제했다. 이후 승문원(承文院) 부정자(副正字)에 1451년 한성부(漢城府) 참군(參軍) 통례문(通禮門) 봉례랑(奉禮郎)에 임명됐다. 수양대군(首陽大君)이 문종의 명을 받아 진서(陣書)를 찬술할 때 좌랑으로서 참여했다. 단종 즉위년(1453년) 수양대군이 단종의 보좌 세력인 황보인·김종서 등 원로대신을 살해·제거하는 계유정난(癸酉靖難)을 일으킬 때 적극 가담했다. 그 공으로 정유공신 2등(靖難功臣 2等)에 책록됐고 사복시(司僕寺) 판관(判官)에 승진되고 장랑(長廊)을 거쳐 1455년 판사복시사가 됐다. 세조가 즉위하자 예조참의(禮曹參議)에 임명되고 즉위 공으로 좌익공신 3등(佐翼功臣 3等)에 책록됐으며 이어 참판으로 승진되면서 인산군에 봉해졌다. 세조 3년(1457년) 예조판서

(禮曹判書)·경상우도 절제사(慶尙右道 節制使), 1459년 다시 예조판서에 임명됐다. 성종 2년(1471년) 성종의 즉위를 보좌한 공으로 좌리공신 1등(佐理功臣 1等)에 책록됨으로써 일반적으로 한 번도 쉽지 않은 공신을 3회에 책록되는 기록을 남겼다. 자는 수옹(守翁), 호는 영해(領海)이고 시호는 위평(威平)이다.


## 소숙(蘇淑, 1488~1549)

소숙 선생은 진주소씨 평택 지역 파조이며 자는 원천(原泉)이며 호는 창주(蒼州)이다. 문정공 조광조(趙光祖) 및 음애공 이은(李誾)과 교분이 두터워 성리학을 통해 학문적 교류를 가졌다. 중종 2년(1507년) 20세에 진사에 일등으로 등과(登科)했으며, 중종 4년(1509년) 별시문과(別試文科)를 등과해 옥당(玉堂)에 들어갔다. 이후 교서관정자(校書館正字) 예문관시교(藝文館始敎)를 거쳐 성균관(成均館) 篆跡, 중종 5년(1510년)에 홍문관 부교리(副校理) 홍문관 직강(直講)을 역임했다. 중종 12년(1517년)에는 의정부 사인 홍문관 교리와 성균관(成均館) 대사성(大司成)이 됐다. 외직으로 밀양부사 개성유수 황해도 관찰사를 역임하고 중종 18년(1523년)에는 경기감사(京畿監司) 호조판서(戶曹判書) 오위도총부(五衛都摠府) 총관(摠管)을 거쳐 중종 30년(1535년) 이조판서(吏曹判書) 홍문관(弘文館) 대제학(大提學)에 올랐다. 묘는 가재동 산113-1 이충동 영신 선영에 있다.

## 최언호(崔彦浩, 1506~1566)

최언호는 수성최씨로 문과에 등과해 직장 및 충훈부 도사를 역임하고 1537년 충순위에 들어갔으며 인조반정에 참여한 공으로 명종 즉위년(1545년) 추성정난위사공신(推誠定難衛社功臣 3等)에 봉해졌다. 이어 사복시(司僕寺) 주부가 됐다. 1547년 추성정나위사공신 조봉대부(朝奉大夫) 선공감첨정(繕工監僉正)을 거쳐 충훈부(忠勳府) 경력이 됐다. 1549년 수원도호부사, 1551년 내승(內乘)을 거쳐 병조참의(兵曹參議), 동부승지(同副承旨), 한성부판윤(漢城府判尹) 등을 역임했다. 자는 호연(浩然)으로 묘는 가재동 산53번지에 있다.


## 홍익한(洪翼漢, 1586~1637)

홍익한 선생은 남양홍씨로 충절을 지킨 삼학사(三學士)이다. 자는 백승(伯升), 호는 화포(花浦), 운옹(雲翁), 시호(諡號)는 충정(忠正)이다. 인조 2년(1624년) 정시문과(庭試文科)에 장원급제하여 사서(司書)를 거쳐 사헌부 장령(掌令)을 지냈다. 1636년 청나라가 조선을 속국시하는 모욕적인 조건을 내세워 사신을 보내오자, 청 사신을 죽임으로써 모욕을 씻자고 주장하였다. 그해 병자호란(丙子胡亂)이 일어나자 최명길(崔鳴吉)의 주화론(主和論)을 극구 반대하였다. 결국 남한산성에서 인조

(仁祖) 왕이 항복하자 오달제·윤집 등과 함께 청나라에 잡혀가 죽임을 당하니 이들을 삼학사라고 하였다. 죽은 후에 영의정에 추증되었고 묘와 홍학사 비각은 팽성읍 본정리 322 일원에 있다. 홍학사 비각은 경기도 문화재자료 제5호이다. 우리는 그동안 홍익한 선생 출생지를 팽성읍 함정리로 알고 지내왔다. 그런데 최근 삼학사 세미나 중에 홍익한 선생의 후손이라는 분이 평택에 오셔서 하신 말씀 중에 아주 요한 점을 말씀하시어 몇 자 적어 보고자 한다. 홍익한 선생은 경북 봉화에 태어난 생가와 표지석이 있으며 당시 1601년 함정리에 계신 백부(큰아버지)에게 15세 나이에 양자로 입적했다고 한다. 따라서 평택의 역사 인물 연구기관 및 관계자들은 홍익한 선생의 출생지에 대한 재조명이 절대적으로 필요한 시점이라고 생각한다.


## ▌이재(李榟, 생몰년 미상)

이재 선생은 함평이씨로 시조 이언(李彦)의 16세손이고 인계(仁桂) 영동정(令同正)의 1624년 이괄(李适)의 난 때 몽진하는 임금을 호종해 무사히 도강해 생명을 구했다. 이괄의 난 평정 후 진무원종공신(振武原從功臣) 1등에 책봉(册封)됐다. 훈련원 대호군 부정으로 통정대부(通政大夫)가 됐다. 마을 이름도 귀향 후 사패지(賜牌地)를 하사받았고 마을 이름도 재말(榟村)이라 불리게 됐다. 묘는 포승읍 신영리에 있다.

## 남두징(南斗徵, 1617~1690)

남두징 선생은 의령남씨로 현종 3년(1662년)에 진사가 되었고 관직은 선릉참봉(宣陵參奉), 연원찰방(連原察訪), 종부시직장(宗簿寺直長), 내서시주부, 공조좌랑(工曹佐郞), 고령현감(高靈縣監), 장례원사평(掌隷院司評), 개령현감(開寧縣監), 종부시주부(宗簿寺主簿), 사직서령, 돈녕부판관(敦寧府判官) 등을 역임하였다. 남두징은 어려서부터 총명하고 영특함이 남보다 뛰어났다. 그리하여 고서의 수백 마디의 말도 1~2번도 읽으면 바로 암송하였다고 한다. 또한 남두징은 부모에게 효도하고 형제 및 친척들과도 잘 지내어 세상에서는 그를 효우지가(孝友之家)라고 칭송하였다. 문집으로는 '지천산록'이 있으나 현재 전하여지지 않고 있다. 묘는 고덕면 당현리에 있다.

## 김만균(金萬均, 1631~1676)

김만균 선생은 광산김씨(光山金氏)로 1652년 증광시(增廣試)와 1654년 춘당대시(春塘臺試)에 합격해 벼슬길에 올랐다. 1659년 부수찬(副修撰)을 1662년 장령 수찬, 정언(正言) 등을 했고 1663년 사간과 집의 1664년 부교리(副校理), 1666년 부응교(副應敎), 1668년 집의 등을 역임했다. 1669년 필선·교리 1670년 사인 등을 1671년 세자시강원(世子侍講院)의 보덕이 됐다. 동년 정삼품(正三品) 당상관인 동부승지(同副承旨)와 승지(承旨)를 끝으로 관직을 마쳤다. 묘는 청북면 옥길리에 있다.

## ▋ 이태좌(李台佐, 1660~1739)

　이태좌 선생은 경주이씨로 선조 때 영의정 백사, 오성부원군(鰲城府院君) 이항복(李恒福)의 현손으로 참판 이세필(李世弼)의 아들이며, 소론파 영수 영의정 이광좌(李光佐)의 재종형이다. 숙종 10년(1684년) 진사시(進士試)에 합격하고, 1699년 정시문과(庭試文科)에 병과(丙科)로 급제한 뒤 검열(檢閱)에 올랐다. 그 뒤 사서를 거쳐 1701년 지평(持平)으로서 이세석의 과거시험 부정을 탄핵했으나 왕의 동의를 얻지 못했고 희빈 장씨의 사사에 적극 반대하다가 파직된 최석정·이명세를 신구(伸救)하다가 도리어 삭탈관직(削奪官職)을 당하고 선산으로 유배당했다.

　1705년에 풀려나 정언(正言)에 등용되고 이듬해 2월 문학으로서 필선 유태명과 함께 경상좌우도(慶尙左右道)의 암행어사(暗行御史)로 다녀왔으며, 이어 부교리(副校理), 이조정랑(吏曹正郎), 부수찬(副修撰), 집의(執義), 응교(應敎)를 거쳐 1708년 12월 강원도 관찰사가 됐다. 이조참의(吏曹參議), 대사성(大司成), 대사헌(大司諫), 승지(承旨), 강화유수를 역임하고, 1716년 공조판서(工曹判書)로 있을 때 윤선거 문제를 논하다가 노론 일색인 대관(臺諫)의 탄핵을 받아 파직당했으나 곧 경기관찰사(京畿 觀察使)에 임명됐다.

　경종 즉위년(1721년) 다시 강화부유수(江華府留守)에 재임되고 동지의금부사(同知義禁府事), 형조(刑曹)·예조(禮曹)·호조(戶曹) 판서를 역임했다. 영종 즉위년(1725년) 임인옥사(壬寅獄事)로 삭직(削職) 당했으나 1727년 정미환국(丁未還國)으로 다시 호조판서(戸曹判書)·병조판서(兵曹判書)·이조판서(吏曹判書)를 거쳤고, 이듬해에는 우의정(右議政), 1729년 좌의정(左議政), 판중구부사(判中樞府事)로 전직됐다가 1736년에 봉조하(奉朝賀)가 됐다. 이태좌는 암행어사 박문수의 큰외삼촌이며 시호는 충정(忠定)이고 자는 국언(國彥), 호는 아곡(鵝谷)이다. 이태좌가 살았던 봉남3리의 옛 이름이 아곡마을이기도 하다. 묘는 경기도 장단군 풍덕면 회화리에 있다.

## ▌ 이광좌(李光佐, 1674~1740)

이광좌는 암행어사 박문수의 외가 어른이면서도 친가로 보면 대고모부로 모든 면에서 사표(師表)이다. 자는 상보(尚輔), 호는 운곡(雲谷)이다. 오성부원군 이항복(李恒福)의 고손이며, 숙종 29년(1694년) 별시문과에 장원으로 급제해 여러 청환직을 두루 거쳤다. 1697년 부수찬, 1708년 전라도 관찰사를 역임했고 이조참의를 지냈다.

숙종 41년(1715년)에 동지사로 청나라에 다녀왔다. 1716년 숙종이 소론을 배척하면서 윤선거의 문집을 훼판하자 이를 반대하다가 파직당했다. 1718년 예조 참판으로 등용됐고 경종이 즉위한 1721년 호조 참판을 거쳐 사직(司直)됐다. 재직 중 왕세제(王世弟, 후에 영조)의 대리청정을 반대해 경종으로 하여금 이를 취소토록 한 뒤 신임사화(辛壬士禍)를 일으켜 노론을 제거했다. 이후 소론이 집정하자 예조판서를 거쳐 평안도 관찰사가 됐다. 다시 내직으로 들어와 좌부빈객과 병조판서를 거쳤다. 영조 3년(1727년) 정미환국으로 영의정에 오르면서 실록청 총재관이 돼『숙종실록』과『경종실록』의 보유편을 편찬했다. 이광좌는 제157대 영의정(1724.10.3~1725.2.2.) 제159대 영의정(1727.7.1.~1729.5.18.) 제164대 영의정(1737.8.11.~1740.5.26.) 1737년 세 번째로 영의정이 됐다. 시호는 문충공(文忠公)이다. 글씨와 그림에도 뛰어났으며 저서로는『운곡실기(雲谷實記)』가 남아있다.

## 이종성(李宗城, 1692~1759)

이종성(李宗城)은 경주이씨(慶州李氏)로 진위 현령을 지낸 이세필(李世弼) 선생이 조부이며 부친은 좌의정 이태좌(李台佐) 이다. 또한 진위 봉남3리(아곡마을)에서 태어난 암행어사 박문수의 이종사촌 동생이다. 이종성은 본가가 진위 봉남3리지만 부친 이태좌의 근무지 관계로 숙

종 18년(1692년)에 장단 오목이(장단군 군내면 읍내리)에서 태어났다. 이종성은 숙종 37년(1711년) 사마시(司馬試)를 거쳐 영조 3년(1727년) 증광문과(增廣文科)에 병과(丙科)로 급제하여 3일 만에 예문관 설서(藝

文館 說書)가 되었다. 정언을 지내고 경상도 암행어사가 되어 민폐를 일소한 후 교리 부제학, 평안·경기도 관찰사, 도승지, 1744년 형조, 예조, 이조판서, 대사성, 개성유수 등을 걸쳐 1752년 좌의정, 영의정, 영중추부사(領中樞府事)로 영조 25년(1759년)에 죽으니 문충, 효강 등으로 시호를 받았으며 성리학에 밝은 문장과 글씨로 뛰어난 명재상이며 장단대신 또는 오천대신으로 널리 이름이 높았다. 당시 소론의 영수이며 박문수의 정치스승인 이광좌(李光佐) 영의정은 집안 어른으로 재당숙이다. 자는 자고(子固)이며 호는 오천(梧川)으로 저서로는『오천집(梧川集)』이 있다.

## 이계조(李啓祚, 1793~1856)

이계조 선생은 경주이씨로 백사 및 오성부원군(鰲城府院君) 이항복(李恒福)의 8세손이며 이조판서를 지낸 이석규의 아들이다. 순조 22년(1822년) 사마시(司馬試)에 합격해 진사가 된 후 음직(陰職)으로 판관이 됐다. 순조 3년(1831년) 式年試 문과에 2등으로 급제했고 헌종 때 이조참의와 경기감사, 경상감사 그리고 동지중추부사(同知中樞府事)를 거쳐 대사성(大司成)을 역임했다. 1848년 공조판서(工曹判書)·예조판서(禮曹判書) 1854년에는 이조판서(吏曹判書)를 지냈다. 아들이 이유원(李裕元) 영의정의 명예에 의해 봉조하(奉朝賀) 및 영의정(領議政)에 추증됐다. 예서(禮書)와 해서(楷書) 등 글씨에 뛰어났다. 유작으로 경릉비

문이 있고 시호(諡號)는 문정(文貞)이고 자는 덕수, 호는 桐泉이다. 묘는 진위면 가곡1리(가오실) 선조 이정좌 묘의 옆에 있다.

## ▌윤종의(尹宗儀, 1805~1886)

윤종의 선생은 파평윤씨로 18세 때 생원시에 합격해 1852년 서부도사(西部都事)가 되고 1855년 종부시조부(宗簿寺主簿)를 거쳐 장악원(掌樂院)으로 옮겼다가 효릉령, 문의현령(文義縣令)을 지내고 어머니상을 당해 귀향했다. 1862년 삼남에 민란이 일어나자 구폐의 방책을 아뢰고 장서원별제 김포군수를 지냈다. 1864년 대흥군수, 1867년 충풍군수, 강릉부사, 1870년 옥구현령 등 지방관으로 선치해 비가 세워졌다. 1882년 돈녕부사(敦寧府使)로 파광군(坡光君)에 습봉되고 호조참판을 지냈다. 그해 공조판서 도총관(都摠管)에 임명됐으나 나가지 않았으며 1884년 80세가 되자 정헌대부(正憲大夫)로 가자됐다. 자는 사연(士淵) 호는 연재(淵齋)이고 1891년 3월 16일 효정공(孝貞公)이라는 시호를 받았다.

## ▌김재현(金在顯, 1808~1889)

김재현 선생은 광산김씨로 현종 9년(1843년) 문과에 합격했다. 1853년 안의현감(安義縣監)을 거쳐 1869년 예문관제학(藝文館提學)과 형조판서(刑曹判書)가 됐다. 1870년 홍문관제학(弘文館提學), 1875년 이조판서(吏曹判書), 1880년 공조판서(工曹判書) 등을 역임했다. 1885년 시강원(侍講院) 좌빈객(左賓客)이어서 봉조하(奉朝賀)가 됐다. 시호는 효문(孝文)이며 자는 덕부(德夫)이다. 묘는 청북면 현곡리 건의마을에 있다.

## 3. 평택 출신 역사적 인물, 암행어사 박문수(朴文秀, 1691~1756)

우리가 아는 암행어사 중 가장 유명한 사람 박문수는 평택의 대표적인 인물이다. 어릴 적부터도 '암행어사' 하면 튀어나오는 연상어가 박문수였다. 다양한 이력의 소유자이지만 일반대중들에겐 특히 암행어사로 파견되었을 때의 인상이 강한 인물이다. 구전설화 1만 5천여 편을 모아놓은『한국구비문학대계』인물 설화중에서 박문수 선생이 가장 많은 210여 편 차지한다. 백성들이 원하고 기다렸던 암행어사, 원칙과 소신·강한 개혁의 의지로 백성들을 구하고자 했던 '행정의 달인', 임금을 바른길로 인도할 줄 알았던 강직한 신하, 시대를 뛰어넘어 오늘날에도 민중들의 희망으로 기억되고 있는 박문수! 우리나라에서 암행어사 박문수 선생만큼 역사적으로 캐릭터와 스토리가 돋보이는 인물은 흔치가 않다고 본다.

## 1) 박문수의 출생과 성장

박문수는 진위현 鄕校洞 현) 경기도 평택시 진위면 봉남3길(아곡마을)에서 숙종 17년(1691년) 9월 8일 영은군(靈恩君) 항한(恒漢, 1666~1698년)과 어머니 경주이씨 차남으로 태어났다. 고령박씨 소론 명문가 집안에서 태어난 박문수는 일찍부터 재주가 뛰어나고 총명한 아이였다. 박문수가 태어난 진위는 평택 지역에서 제일 높은 무봉산과 유려하게 흐르는 진위천 사이에 존재하며 아곡마을이라 한다. 숙종 21년(1695년) 5세 때 처음으로 모친을 따라 서울로 거주지를 옮겼고 이후 조부 박선(朴銑) 백부 박태한(朴泰漢)이 별세하자 부친 박항한(朴恒漢)은 가족을 이끌고 소의문(昭義門 현 서소문) 내 증조부 박장원의 고택에서 살았다. 어머니 경주이씨는 박문수 부친마저 별세하자 자녀를 이끌고 친가인 용산에서 우거하였다. 어린 시절 박문수의 삶은 순탄치 못했다. 여덟 살 때 부친이 요절함에 따라 박문수는 성장기 대부분을 외가에서 보내게 되었으며 어머니 경주이씨(공조참판 이세필의 딸)의 손에서 자랐다. 어머니는 문중의 길쌈 일을 해서 끼니를 마련하고 아들을 공부시켰다(주로 외숙 이태좌의 밑에서 수학했다 한다). 가난한 형편에도 불구하고 어머니는 늘 자신보다 어려운 이들을 돌보며 살았고 이것이 어린 박문수에게 가장 큰 가르침이 되었다.

어려서부터 외숙인 아곡 이태좌(李台佐)와 외가 어른이며 대고모부 운곡 이광좌(李光佐)에게서 외종제인 오천 이종성(李宗城)과 수학했으며 16세인 숙종 32년(1706년) 상주 목사 김도협(金道浹)의 딸 청풍김씨를 처로 맞이했다. 박문수는 본가보다 오히려 외가인 경주이씨 집안의 절대적인 영향을 받고 자랐다. 특히 3년 사이에 조부와 백부 및 아버지를 여읜 상태에서 박문수는 어머니 경주이씨의 헌신적인 자식 사랑으로 자랐고 이로 인해 불굴의 의지와 독립성을 가지게 되었다. 박문수의 성장 과정에 관해 널리 알려진 일화의 한 대목이다. 박문수는 내외 형제 이종성과 외숙인 아곡(鵝谷) 충정공(忠定公) 이태좌에게 함께 수학하였다. 일찍이 병풍 뒤에서 서로 다투어 따지고 있기에 아곡이 가만히 들어보니 서로 문벌을 비교하는 중이었다.

이종성이 "너희 집안에 구천(龜川) 이세필 선생 같은 분이 있는가?" 하니, 박문수가 "우리 증조할아버지 구당공(久堂公) 박장원(朴長遠)이 계시다"고 하였다. 이에 이종성이 "백사(白沙) 선생 같은 분이 있는가?" 하니 박문수는 "이는 내가 그렇게 될 것이다"라고 답하였다. 이에 아곡은 박문수의 머리를 쓰다듬으며 칭찬하기를, "너는 반드시 백사의 사업을 할 것이다"라고 하였다. 박문수는 성장 과정에서 자신의 집안에 대한 강한 자부심을 가지고 있었다. 특히 증조부 박장원의 존재를 분명히 인식하여서 실천적이고 민생에 깊은 관심을 두었던 가학의 전통이 박문수의 인격 형성에 토대가 되었을 것이다.

## 2) 본가와 외가 및 처가의 가계도

박문수는 고령(高靈)박씨로 자는 성보(成甫), 호는 기은(耆隱), 시호는 충헌(忠憲)이며 이조판서 박장원(朴長遠, 1612~1671년)의 증손이며, 영은군(靈恩君) 항한(恒漢, 1666~1698년)의 아들이다. 어머니는 경주이씨로 영의정을 지낸 백사(白沙) 이항복(李恒福)의 고손녀(高孫女)이며, 아버지는 공조참판 이세필(李世弼)이다. 부인은 청풍김씨(淸風金氏)로서 경기도 남양주 삼패리(현 삼패동) 평구마을 유택이 있는 영의정을 지낸 잠곡(潛谷) 김육(金堉)의 고손녀이며, 청풍부원군 김우명(金佑明)의 증손녀이니 이분의 따님은 현종비(顯宗妃)이신 명성왕후(明成王后)이고, 숙종 임금의 외할아버지가 된다. 장인은 상주 목사를 지낸 김도협(金道浹)이니 외가 또는 처가를 보아 당대 최고 명문가로 꼽힌다.

### 3) 박문수는 국민만 사랑한 지도자

박문수 선생은 오직 백성의 말을 듣고 아픔을 공유하는 지도자이며 배려하고 소통하는 사회가 필요로 하는 청렴과 위민의 정치인이며 진정한 지도자였다. 그의 이야기는 무수한 설화집과 야담집들에 수록되어 있다. 이 중 하나를 통하여 우리는 그가 왜 출중한 매력을 지닌 인물로 부각되었는지를 알아볼 수가 있다. 박문수 선생의 정신 키워드는 5가지로 위민(爲民), 충성(忠誠), 청렴(淸廉), 실천(實踐), 소통(疏通)으로 요약할 수 있다. 충성(忠誠)은 국가와 주군(영조)에 대한 충정 어린 충성심, 청렴(淸廉)은 어머니의 정신교육, 소통(疏通)은 백성의 말을 듣고 아픔을 공유하는 지도자, 실천(實踐)은 현장에서의 업무처리, 위민(爲民)은 오직 백성만 사랑(愛民)으로 승화되었다. 우리는 크고 작은 조직의 리더를 평할 때 일반적으로 용감해서 용장(勇將), 덕을 갖춘 유형 덕장(德將), 머리 좋아 지혜로운 장수유형 지장(智將), 더 나아가 현명

한 장수유형 현장(賢將), 운이 있는 장수유형 운장(運將), 신이 도와준
다고 신장(神將)이라고 재미있게 표현한다. 그럼 박문수의 리더십은 어
떨까? 전국 각지 현장(現場)에서 암행어사 활동과 백성만을 위해 어려운
여건하에서도 현실을 중요시하면서 기꺼이 이 한 몸 바친 그를 용장(勇
將), 덕장(德將), 지장(智將), 현장(賢將), 운장(運將), 신장(神將) 등 7가
지의 리더십을 융·복합적으로 다 포함한 현장(現將)이라고 생각한다.

## 4) 『암행어사 박문수 문화관』 건립과 〈암행어사 박문수 선생 기념 사업회〉 설립

필자는 우리나라에서 암행어사 박문수 선생만큼 역사적으로 캐릭터
와 스토리가 돋보이는 인물은 흔치가 않다고 본다. 이에 2010년부터 박
문수 선생의 국민 사랑인 위민정신(爲民情神)을 계승코자 자료수집을
해왔다. 『암행어사 박문수 문화관』은 경기도 평택시 진위면 진위서로
127, 2층 70평에 전시관과 교육시설을 준비해서 2020년 11월에 개관하
였다. 건립 이후 7회에 걸친 세미나와 함께 암행어사 박문수 선생 생가
터 표지석을 박문수 선생이 태어난 봉남3리에 2022년에 건립하였다. 그
리고 암행어사 박문수 선생의 선양사업을 제대로 하기 위해 2023년 〈암
행어사 박문수 선생 기념사업회〉를 설립 운영 중이다. 아울러 박문수 선
생 홍보 일환으로 고명하신 네 분을 암행어사 박문수 선생 홍보대사로
위촉한 바 있다. 현재는 〈암행어사 박문수 선생 기념사업회〉와 『암행어
사 박문수 문화관』을 진위면 진위서로 127에서 진위면 동부대로 113-1,
가곡1리로 이전해서 운영 중이다. 연락처는 031)668-9578이다.

## 4. 평택 밖에서 출생했지만 정신이 살아 숨 쉬는 인물

원효대사는 경주설씨(慶州偰氏)로 통일신라 시대 진평왕 39년(617년) 압량군(현 경북 경산시) 자인땅 불지촌에서 태어났다. 선덕여왕 2년(633년)에 재산을 희사(喜捨)하고 출가해 법명을 '원효(元曉)'라고 짓고 자신의 집을 절로 지어 초개사(初開寺)라 했다. 진덕여왕 2년(648년)에는 황룡사(皇龍寺)에서 불경을 연구하며 수도했다. 진덕여왕 4년(650년)에 의상(義湘)과 함께 중국의 당(唐)나라로 유학을 떠나려 했으나 요동(遼東)에서 수비군에 발각돼 감옥에 갇혔다가 탈출했다. 문무왕 즉위년(661년) 다시 의상과 함께 당나라로 가던 중 당성 근처 수도사(포승읍 원정7리)에서 하룻밤을 지내다 잠결에 해골에 괸 물을 마시고 '이 세상 온갖 현상은 모두 마음에서 일어나며, 모든 법은 오직 인식일 뿐이다. 마음밖에 법이 없는데, 어찌 따로 구할 필요가 있겠는가(三界唯心 萬法唯識 心外無法 胡用別求)'라는 깨달음을 얻었다는 일화가 전해진다.


그래서 수도사를 원효대사가 당나라 유학 중 하룻밤을 자며 깨달았기에 오도성지(悟道聖地)라고 한다. 수도사 내에는 『원효대사 깨달음 체험관』을 운영 중이다. 그 뒤 경주 분황사(芬皇寺) 등에 머무르며 불경

의 연구와 화엄경소(華嚴經疏) 등의 저술에 힘쓰기도 했으나 문무왕 7
년(667년) 태종무열왕의 과공주(寡公主)인 요석공주(瑤石公主)와의 사
이에서 아들 설총(薛聰)을 낳은 뒤 스스로 소성거사(小性居士), 복성거
사(卜性居士) 라고 칭하며 서민 속으로 들어가 무애(無涯)의 보살행을
실천하며 불교의 대중화에 힘썼다. 원효대사는 사람들에게 본래의 마
음을 깨달으면 정토(淨土)를 이룰 수 있으며, 입으로 부처의 이름을 외
우고 귀로 부처의 가르침을 들으면 성불할 수 있다고 가르쳤다.

　이러한 원효의 활동으로 신라 백성들은 모두 부처의 이름을 알고 '나
무아미타불'의 염불을 외우게 됐다고 전해진다. 원효대사의 일심(一心)
과 화쟁(和諍) 사상을 중심으로 불교 대중화에 수많은 저술을 남겨 불
교사상 발전에 크게 기여했다. 문무왕 12년(672년) 분황사에서『십문
화쟁론』,『법화종요』,『판비량론』등을 지었다. 675년 경주의 고선사(高
仙寺)에 머물렀고, 681년 분황사(芬皇寺)에서 다수의 주석서를 저술했
다. 신문왕 즉위년(682년) 대안법사와 교분을 맺으며『금강삼매경론소』
를 지었다. 그 외 저서로『금강삼매경론(金剛三昧經論)』『기신론별기(起
信論別記)』『대승기신론소(大乘起信論疏)』등이 있다. 원효대사는 신문
왕 6년(686년) 3월 30일 혈사(穴寺)에서 세수 70세, 법락 60세로 입적
(入寂)했다.

# 정도전(鄭道傳, 1342~1398)

정도전 선생은 조선왕조의 설계자 이자 킹메이커이다. 봉화정씨로 영주에서 형부상서 정운경과 우씨 사이에 3남 1녀 중 장남으로 출생했다. 1362년 進士試(진사시) 문과에 합격 이듬해 충주목(忠州牧) 사록(司錄)을 제수받다. 1371년 30세에 되던 해 성균관 박사(博士), 태상시(太常寺) 박사 및 예의정랑(禮儀正郎)을 제수받았다. 1375년부터 임금의 문한(文翰) 작성을 전담하면서 반원·친명(反元·親明) 정책을 주장하다가 친원파에 유배당하였다. 유배 중에도 심문천답 등 시문을 저술했다. 우왕 9년(1383년)에 함경도 함주로 가서 동북면도지휘사(東北面都指揮使) 이성계(李成桂)와 만나 정치 사회 등의 개혁을 결의했다. 1388년 이성계가 위화도 회군 후 비서직인 밀직부사(密直副使)와 성균관 대사성(大司成)을 제수받다. 공양왕 2년(1390년) 중서문화성 정당문학(政堂文學)에 취임하고 성절사로 명나라에 다녀왔다.

공양왕 4년, 태조 즉위년(1392년) 조준, 남은 등과 함께 조선왕조(朝鮮王朝)를 개창함으로써 봉화백(奉化伯)에 피봉되고, 문하시랑찬성사(門下侍郎贊成事), 동판도평의사사사(同判都評議使司事) 등을 겸임하고 순충분의좌명개국원훈(純忠奮義佐命開國元勳)에 피봉되고, 계품사 겸 사은사(啟稟使兼謝恩使)로 명나라를 다녀오다. 1393년에는 동북면

도안무사(東北面都安撫使)로 임명돼 함길도의 여진족을 회유하고 행정 구역을 정비하였다. 태조 3년(1394년) 53세 때 판의흥삼군부사(判義興 三軍府事)로서 사병을 혁파하는 병제 개혁을 단행하고 경상, 전라, 양 광도의 삼도도총제사(三道都摠制使)로 임명되어 행정구역을 개편하였 다. 특히 조선왕조의 헌법에 해당하는 조선경국전(朝鮮經國典)과 병서 인 역대부병시위지제(歷代府兵侍衛之制)를 찬진(撰進)했다.

태조 4년(1395년)에는 성군(聖君)의 통치 이념인 경제문감(經濟文鑑) 을 찬진했으며 인왕산, 백악산 등 사산(四山)을 실측하여 도성(都城) 의 범위를 정하고 궁궐과 종묘 건축을 주도하여 완성하였으며, 경복궁 (景福宮)의 이름과 근정전(勤政殿), 사정전(思政殿), 교태전(交泰殿) 등 의 궁전 이름을 지었다. 특히, 태조는 삼봉 선생의 업적을 높이 평가하 여 귀갑구(龜甲裘)와 아울러 '유학(儒學)에도 으뜸이요, 공적도 으뜸'이 라는 뜻으로 유종공종(儒宗功宗)의 친필을 하사했다. 태조 5년(1396 년)에는 도성(都城)의 흥인지문(興仁之門:동대문), 돈의문(敦義門: 서대 문), 숭례문(崇禮門: 남대문), 숙정문(肅靖門: 북문) 및 사소문(西小門) 의 이름을 짓고 한성부의 5부(5部)와 52방(52坊)의 이름도 지었다.


태조 7년(1398년) 57세 때 삼봉 선생이 동북면 도선무순찰사(都宣 撫巡察使)의 임무를 마치고 귀경하자 이태조는 윤관(尹瓘) 장군의 9성 건설보다 업적이 크다고 치하하였다. 삼봉 선생이 민본정치(民本政治) 를 추진하던 중 8월 26일 새벽에 남은(南誾)의 집에서 이방원(후에 태 종) 일파에게 기습을 받고 두 아들 정영(鄭泳)과 정유(鄭游) 함께 화를

당했다. 그러나 큰아들 정진(鄭津)은 당시 중추원부사(中樞院副使)로서 이태조(李太祖)를 수행하여 함흥에 있었기에 생명이 보존됐다. 1791년 삼봉 선생이 죽은 지 약 393년 만에, 삼봉 선생의 학문을 높이 평가한 정조(正祖)는 기존의 삼봉집(三峯集)에 빠진 글들을 모아 체계적으로 문집을 다시 발간하도록 규장각에 명하여 경상도 감영에서 판각했다.

1865년 고종은 경복궁 중건을 계기로 조선 개국 초기에 한양에 도읍지 건설을 주도한 삼봉 선생의 업적을 높이 평가해서 모든 훈작(勳爵)을 회복시키고 문헌(文憲)이라는 시호(諡號)를 내리도록 전교했다. 고종 7년(1870년)에는 삼봉 선생의 모든 훈작을 회복시키는 고종(高宗)의 복훈교지(復勳敎旨)가 하사됐다. 고종 9년(1872년)에는 고종이 조선 건국 480주년 경축을 계기로 삼봉 선생의 업적을 남기려 문헌(文憲)이라는 하사하였다. 경기도 양성현 산하리에 문헌사(文憲司)를 세워 제사를 지내도록 하고, 고종이 친히 치제문(致祭文)을 내렸고 1912년 양성현에 있던 문헌사를 후손들이 지금의 은산리로 이전했다.

정도전 선생의 저술 활동은 엄청나다. 정도전은 국정을 운영하는 과정에서 다방면의 저서를 남겼다. 『학자지남도(學者指南圖)』, 『심문천답(心問天答)』, 『심기리편(心氣理篇)』, 『불씨잡변(佛氏雜辨)』 등은 성리학의 입장에서 불교를 비판한 성리학이 정학임을 밝힌 철학서이다. 『문덕곡(文德曲)』, 『몽금척(夢金尺)』, 『수보록(受寶籙)』 등 악사(樂詞) 3편은 이성계의 창업을 칭송한 노래이다. 정도전의 경세론은 『조선경국전(朝鮮

經國典)』,『경제문감(經濟文鑑)』,『경제문감별집(經濟文鑑別集)』,『경제의론(經濟議論)』을 통해 알 수 있다. 정도전의 문집인『삼봉집(三峰集)』은 태조 6년(1397년) 정도전이 아직 살아 있을 때, 정도전의 아들에 의하여 2권으로 간행되었다. 그 뒤 세조 11년(1465년) 증손자 정문형(鄭文炯)[1427~1501]에 의해 6책으로 증간되고, 성종 17년(1486년) 8책으로 증보되었다. 지금 전하는 14권 7책의『삼봉집』은 정조 15년(1791년) 왕명으로 간행한 것이다. 묘소는 실전되었고, 후손들이 조성한 단소가 경기도 평택시 진위면 은산리에 있다. 자는 종지(宗之)·증오(曾㫌), 호는 삼봉(三峰), 시호는 문헌(文憲)이다.

## 신숙주(申叔舟, 1417~1475)

신숙주 선생은 고령신씨로 세종 20년(1438년) 사마양시(司馬兩試)에 합격해 동시에 생원·진사가 됐다. 이듬해 찬시문과에 을과로 급제해 전농시(典農寺) 직장(職掌)이 되고 1441년 집현전(集賢殿) 부수찬(副修撰)을 역임했다. 1443년 나라 조정에서 일본으로 사신을 보내게 되자 서장관(書狀官)으로 뽑혔고 세조 2년(1456년) 병조판서(兵曹判書)로 국방에 필요한 외교 응대를 위임받아 사실상 예조(禮曹)의 일도 맡았다. 1457년 좌찬성을 거쳐 우의정에 오르고 1459년 좌의정에 올랐다. 1462년 영의정 부사가 되고 1464년 사직했으며 다음 해 예조를 겸했다.

예종 즉위 후 세조 때 편찬하도록 명을 받은『국조오례의』개찬·산정을 위임받아 완성했다. 해외 여러 나라에 음운(音韻)에 밝았던 그는 역서를 편찬했으며 일본 여진의 산천 요해를 표시한 지도를 만들기도 했다.

그리고『해동제국기』를 지어 일본의 정치 세력 가약, 병력 다소, 영역 원근 풀 속 이동, 사선 내왕 절차, 우리 측 관계 형식 등을 모두 기록해 일본과의 교빙에 도움이 되도록 했다. 자는 범옹(泛翁), 호는 희현당(希賢堂) 또는 보한재(保閑齋) 이며 시호는 문충(文忠)이다. 신숙주는 조선전기의 정치가이며 학자이다. 고령신씨 일문과 지방 유림(儒林) 협력으로 사당을 청북읍 원고잔길 20에 세워졌다. 일명 신숙주사당(申叔舟祠堂)에는 신숙주를 비롯한 성종의 부마(駙馬)인 신항(申杭, 1477~1507), 중종의 부마(駙馬)인 신의(申檥, 1530~1584) 등 3위(3位)의 위패(位牌)가 모셔져 있다. 사당 내부에는 평택시 향토유적 제8호 '신숙주 영정 및 감실주독'이 있다.

## 조광조(趙光祖, 1482~1519)

조광조 선생은 한양조씨로 한성(서울)에서 출생했다. 개국공신(開國功臣) 조온(趙溫)의 5대손으로 이충동에서 유년기를 보냈다. 중종 5년(1510년) 사마시(司馬試)에 장원(壯元)으로 합격해서 진사가 되어 성균관에 들어가 공부했다.

성균관 유생들의 천거와 이조판서 안당(安瑭)의 적극적인 추천으로 중종 10년(1515년) 조지서사지(造紙署司紙) 라는 관직에 초임됐다. 그해 가을 증광문과(增廣文科) 을과(乙科)로 급제해 전적·감찰·예조좌랑(禮曹佐郞)을 역임하게 됐고 왕의 두터운 신임을 얻게 됐다. 유교로서 정치와 교화의 근본을 삼아야 한다는 지치주의(至治主義)에 입각한 왕도정치(王道政治)의 실현을 역설했다. 정언이 돼 언관으로서 그의 의도를 펴기 시작했다. 1518년 부제학(副提學)이 돼서는 유학의 이상 정치를 구현하기 위해 사문(斯文)의 흥기를 임무로 자부했고 이를 실현하기 위해 우선 인주(人主)의 마음을 바로잡아야 한다고 생각했다. 미신 타파를 내세워 소격서(昭格署)의 폐지를 강력히 주청, 많은 반대에도 불구하고 혁파하는 데 성공했다. 그러나 이러한 급진적인 개혁은 훈구파(勳舊派)의 강한 반발을 야기시켰다. 훈구파 중 홍경주·남곤·심정은 경빈 박씨 등 후궁을 움직여 왕에게 신진사류를 무고하도록 했다 궁궐 나뭇잎에 과일즙으로 '주초위왕(走肖爲王)'이라는 글자를 써 벌레가 파먹게 한 다음에 궁녀로 하여금 이를 따서 왕에게 바쳐 의심을 조장했다. 왕이 훈구대신들의 탄핵을 받아들여 투옥됐다. 처음 사사(賜死)의 명을 받았으나 영의정 정광필의 간곡한 비호로 능주에 유배됐다. 훈구파의 김전·남곤·이유청이 각각 영의정·좌의정·우의정에 임명되자 이들에 의해 그해 12월에 사사됐다. 이 사건을 '기묘사화'라고 한다.

선조 초기 신원(伸冤)되어 영의정에 추증되고 문묘(文廟)에 배향(配享)됐다. 그의 학문과 인격을 흠모하는 후학들에 의해 사당과 서원도 설립됐다. 1570년 능주에 죽수서원, 1576년 희천에 양현사가 세워져 봉안됐으며 1605년에는 묘소 아래에 있는 심곡서원에 봉안되는 등 전국에 많은 향사가 세워졌다. 저서로는 『정암집(靜菴集)』이 있는데 그중 대부분은 소(疏)·책(策)·계(啓) 등의 상소문과 몇 가지의 제문과 몇 편의 시도 실려 있다. 묘는 용인시 수지읍 상현리에 있다. 선조 18년(1585년)에 세워진 신도비의 비명은 노수신이 짓고 이산해가 썼으며 김응남이 전액(篆額)했는데 용인시 향토유적 제2호로 지정돼 있다. 이충동에는 조광조를 기리는 '충의각'이 있다. 자는 효직(孝直), 호는 정암(靜庵)이고 시호는 문정(文正)이다.


## 김육(金堉, 1580~1658)

　잠곡(潛谷) 김육 선생은 청풍김씨(淸風金氏)로 선조 38년(1605년) 진사시(進士試)에 급제하고 이후 성균관에서 공부했다. 인조 2년(1624년) 문과에 급제해 본격적으로 벼슬길에 나섰다. 인조 초반에 음성현감, 전적, 병조좌랑, 지평, 정언, 병조정랑 등을 역임하고, 음성현감을 마치고 서울로 올라올 때는 백성이 송덕비를 세우기도 했다. 1627년 청(淸)나라가 군사적으로 압박해 오자 호패법을 중지해 민심을 안정시킬 것을 주장했다. 인조 16년(1638년) 승문원 부제조를 거쳐 충청도 관찰사로 나갔다. 그곳에서 도내의 토지대장과 세금 징수 상황을 점

검했고, 비리를 확인하고 대동법의 시행을 주장했다. 1649년 대사헌을 거쳐 우의정에 올랐고, 효종 3년(1652년) 좌의정에 이르렀다. 효종 6년(1655년) 76세 나이로 영의정에 올랐다.

그는 관직에 있는 동안 줄곧 대동법(大同法) 시행을 통해 민생을 안정시킬 것을 주장했는데 충청도 관찰사 시절에 백성 수탈의 방법이었던 공물법(貢物法)을 폐지하고 미포(米布)로 대납하는 대동법을 시행했고(효종 2년, 1651년), 효종 8년(1657년)에는 전라도 지방에도 시행했다. 자신이 가평 잠곡에서 직접 농사를 지으며 목격한 백성의 곤궁한 생활에 대한 이해와 각 지방의 수령·감사로 여러 번 재직한 경험이 크게 작용했다. 그는 백성을 유족하게 하고 나아가 국가 재정을 확보하는 방안으로 유통경제를 활성화하는 것에도 노력했다. 당시 물화가 제대로 유통되지 않는 현실을 개탄하고 그 이유를 쌀과 베(布)만을 유통수단으로 사용할 뿐 변변한 화폐가 없는 데서 찾았다. 그래서 동전 사용을 강조했고, 효종 2년(1651년) 상평통보(常平通寶)의 주조를 건의해 서울 및 서북지방에서 유통되게 했다. 나아가 백성에게 각지에 퍼져있는 은광 개발을 허용할 것을 주장했다. 평택시 소사동에 경기도 유형문화유산 제40호 '대동법시행기념비'가 세워져 있다. 실학, 성리학을 비롯하여 정치·천문·지리 등 다방면에 정통했다. '대동법' 실시와 '상평통보' 주조는 그의 탁월한 업적이라 할 수 있다.

## 오달제(吳達濟, 1609~1637)

오달제 선생은 해주오씨로 이충동에서 유년기를 보내며 학문을 배웠다. 19세에 사마시(司馬試)에 합격한 뒤 전적(典籍)·병조좌랑(兵曹佐郎)·시강원사서(侍講院司書)·정언(正言)·지평(持平)·수찬(修撰)을 거쳐 1636년 부교리(副校理)가 되었다. 1638년 병자호란이 일어나자 끝까지 투쟁할 것을 주장한 병자호란(丙子胡亂) 3학사의 한사람이다. 그는 죽음보다 두려운 것은 불의라고 하고 끝까지 항변했다. 윤집(尹集)과 더불어 자진해 척화론자로 나서 청나라 심양으로 적진에 잡혀가 1637년 3월 처형당했다. 홍익한(洪翼漢)·윤집(尹集)·오달제(吳達濟)이 세 사람을 3학사라 부르고 절개와 충성심(忠誠心)을 높이 기리게 됐다. 평택의 포의사우(褒義祠宇), 홍산의 창렬서원, 경기 광주 남한산성 현절사, 영주 장암서원, 고령 운천서원에 제향됐다.


호는 추담(秋潭)이며 시호는 충렬(忠烈)으로 영의정(領議政)에 추증(追贈)됐다. 저서로 『충렬공유고(忠烈公遺稿)』가 있다. 오달제 선생의 덕을 기리는 유허문비(遺墟文碑)가 이충동의 옛집 터 뒤에 있었으나 이충동아파트 단지 내에 있다. 묘는 용인시 처인구 모현읍 오산리 45-14에 있으며 청나라에서 시신의 수습을 허락지 않아서 시신은 없고 오달제 충신이 사용하던 요대(혁대)가 묻혀있다.

## 심순택(沈舜澤, 1824~1906)

심순택 선생은 청송심씨로 청송에서 태어났
다. 1850년 문과에 급제했다. 26세인 철종 즉
위년(1850년) 홍문관 교리를 시작으로 관직에
나가 1861년 부제학을 거쳐 이조참의가 됐다.
고종 11년(1874년) 충청도 관찰사를 거쳐 1878
년 예조·형조·이조판서를 역임했다. 1882년 임

오군란(壬午軍亂) 당시 도봉소당상으로 있었고 군난의 책임을 지고 파
면됐다. 1884년 우의정과 좌의정을 역임했다. 갑신정변(甲申政變)이 실
패로 끝난 뒤 새롭게 조직된 수구당 내각에서 영의정에 올랐다. 또한
동학농민운동(東學農民運動)이 일어났을 때는 영의정으로서 농민군
을 막는 데 노력했지만 한계를 느끼자 청나라에 원군 파병을 요청하
는 데 앞장서기도 했다. 을미사변(乙未事變, 1895)과 아관판천(俄館播
遷, 1896) 후에도 의정부 의정(議政)으로서 대한제국 성립에 주도적인
역할을 했다. 그는 근왕주의(勤王主義)적 성격이 강해 근대적인 개혁에
적극적인 모습을 보이지 않았다. 그 결과 윤용선, 조병식 등과 함께 독
립협회로부터 규탄받아 관직에서 해임됐으나 곧 복직돼 을사조약(乙巳
條約, 1905) 때까지 관직 생활을 했다. 심순택은 을사조약 후 조병세
등이 자결하자 본인도 자결로 생을 마감하고자 했으나, 왕의 만류로 시
행하지 못하고 집으로 돌아와 병을 앓다가 1906년 83세로 사망했다.
고종의 두터운 신임과 왕실에 대한 충성으로 1902년 청녕공(靑寧公)에

봉해졌다. 자는 치화(穉華), 시호는 문충(文忠)이다. 묘는 진위면 봉남

리 선영에 있다.

# 제3장

# 평택 지역을 이끈
# 조선시대 현령과 임명 및 선출 정무직

## 1. 개요

현재 약 65만 인구 평택시가 국제적인 평화·안보 도시와 함께 경제·안보 도시로 성장과 발전되기까지, 조선시대부터 오늘날 평택이 되도록 심혈을 기울인 현령 및 선출직 시장을 알아보는 것도 매우 의미 있다. 특히 조선시대에 평택 출신으로 현령을 임명받은 정속, 정인형, 이혜정, 이세필, 이승훈과 역대 15명의 진위현령 선정비 및 공덕비 현황을 파악했다. 아울러 지자체장 선거에서 선출된 김선기 및 송명호 시장에 대해 알아봤다.

## 2. 조선시대 평택 지역 지도자

### ▌정속(鄭束, 생몰년 미상)

정속 현감은 봉화정씨로 제OO대 진위현감을 역임했다. 조선 개국 원종공신(原從功臣) 정진(鄭津)의 차남으로 태어났다. 태종 11년(1411년)

7월에 조부(祖父) 삼봉 정도전을 삭탈관직하고 폐서인이 되고 나서 자손들을 금고했다. 이때 처인현령(處仁縣令)으로 있던 형 정래(鄭來)와 함께 은거해 은산리에서 지내기도 했다. 이후 1416년 7월에 금고에서 풀려나고 1425년 혼인해서 두 아들을 두었는데 후일에 정승(政丞)과 부정(副正)을 지냈다. 세종 13년(1431년) 5월 2일에 진위현감(振威縣監)으로 사조(辭朝)하니 세종이 "내가 들으니 경기에는 밀·보리가 좀 잘됐다고 하던데 가뭄이 지금 시작되니 매우 염려된다. 하늘의 뜻을 사람이 돌이킬 수는 없으나 인력으로 할 수 있는 것은 마음을 다해서 하라"라고 말했다. 이후 의정부(議政府) 영의정(領議政)에 추증됐다. 묘는 용인시 수지구 고기동 산 123번지에 있다.

## █ 정인형(鄭仁炯, 1448~1494)

정인형 현령은 봉화정씨로 진위현령을 역임했다. 부친은 직산현감 증영의정 정속(정속)이고 모친은 경주이씨이다. 자는 형숙(亨淑)이고 호는 한수(漢搜)이다. 일찍 부친을 여의고 형제가 은산리에 살고 있던 종백부(宗伯府) 정래(鄭來)에 의지해 학업을 연마했다. 형(문형)은 문과 급제 이후 성실하면서 왕성한 활동에 힘입어 우의정(右議政) 까지 역임하였다.

정인형은 세조 12년(1465년) 문과에 급제해 세조 15년(1468년) 4월에 사헌부(司憲府) 감찰로 보임된 후 영남지방에 암행어사(暗行御史)로 나아갔다. 현장에서 관리들의 '민간 공세의 경제대납'과 '감옥 죄수들의 판결 지연', '역마를 함부로 타는 일', '불법으로 백성을 부리는 일', '백성

의 청원 심리 불이행’ 등 일곱 가지 사목(事目)을 규찰했다. 만일 은휘
(隱諱)한 것이 있는 자는 당상(堂上)·의친(議親)·공신(功臣)에 추국(推
鞫)하게 하고, 3품(品) 이하이면 직단(直斷)하라는 특명을 수행했다. 다
음 해(1469년) 1월 예조정랑(禮曹正郎)이 된 뒤 외직(外職) 군수 등을
역임한 후 통정대부(通政大夫) 행 군기사부정(軍器寺副正)을 지냈다.
묘는 진위면 은산리 기동에 있다.


## 이혜주(李惠疇, 생몰년 미상)

이혜주 현령은 1695년 4월 22일~1697년 1월 6일까지 진위현령으로
재임하면서 굶주린 이주민들을 구제하였다. 이혜주의 청간 민선정비(請
簡헐民善政碑)는 1697년 3월에 세운 것이다. 선정비는 칠원동의 삼남
대로 변에 있었으나 1990년 칠원동의 옥관자정 옆으로 이전되었다.


## 이세필(李世弼, 1642~1718)

이세필 선생은 경주이씨로 진위면 봉남3리 출
신으로 자는 군보(君輔), 호는 구천(龜川)이다.

영의정 이항복(李恒福)의 증손, 예빈 시정 이
정남의 손자이다. 타고난 효자여서 30세 때 아
버지의 병환이 위중해지자 단지 수혈하고 밤을
새워 간병했으나 끝내 상을 당해 3년간 거상(居

喪)했다. 숙종이 즉위하던 1674년 제2차 복상(服喪)문제로 인해 스승 송시열이 남인의 탄핵 당하자 많은 유생에게 통문을 돌려 그 신원을 상소한 끝에 영광에 유배됐다가 숙종 4년(1678년)에 풀려나왔다.

숙종 20년(1694년) 갑술옥사(甲戌獄事)로 서인이 등용될 때 다시 김제 군수가 되고 이듬해 복시 장악원정이 돼 태묘의 악장을 정리했다. 숙종 25년(1699년) 사헌부 장령에 제수 됐으나 사직한 뒤 상주 목사가 돼 기황(飢荒)의 해결과 적폐의 혁신, 학교의 진흥 등 선정과 풍속 교화를 베풀었다. 숙종 43년(1717년) 당시의 권신 이이명의 전횡(專橫)을 규탄하는 상소를 올려 사직하고 향리에 은거하며 학문과 강학에만 전심했다. 예학(禮學)에 밝았으며 좌찬성에 추증됐고 시호는 문경이다. 영광의 백산서원에 전향되고, 오현사 및 김제의 용암서원에 제향됐다. 저서로는 『논변경설』, 『답문의체』, 『악원고사』, 『소주서』, 『동호예설』 등이 있다.

## ▍이승훈(李承薰, 1756~1801)

이승훈은 평창이씨로 1756년 인천에서 태어 났다. 천주교 최초 영세자로 알려진 이승훈은 1791년 평택현감(平澤縣監)을 역임했다. 정조 4 년(1780년) 진사시(進士試)에 합격했으나 벼슬 을 단념하고 학문에 전념하다가 천주교인 이벽 을 만나 천주교에 심취하였다. 1783년 동지사

의 서장관인 부친을 따라 청(淸)나라에 가서 베이징 천주교당에서 교리 공부를 한 뒤 이듬해 예수회의 루이드그라몽 신부에게 세례를 받았다. 이승훈은 세도정치, 쇄국과 개화, 근대화, 제국 열강의 침노 속에 무능한 조선 조정 등 조선 후기 유학의 한계를 천주학으로 보완할 수 있다고 보았다. 그러나 유교적 가치와 제사 불가 등 천주교 교회법과의 충돌이라는 현실 속에 직면하게 된다.

1790년에 음서(蔭敍)로 관직에 나가 의금부 도사(都事)가 되었고 정조 15년(1791년) 2월 서부도사(西部都事)를 거쳐 같은 해 6월에 평택현감(平澤縣監)으로 부임하였다. 평택현감으로 있던 1791년 신해박해가 터져 관직을 박탈당하였고, 1795년 을묘박해 때는 귀양살이했다. 비록 수 차례 배교한 전력이 있지만 이벽, 권일신과 함께 초기 한국 천주교회 설립을 주도했고 한국 천주교회의 첫 장을 연 인물로 평가되고 있다. 평택현감으로 부임했을 때 향교에 배례하지 않아 향교의 유생들이 문제 삼은 적도 있다. 1791년, 전라도 진산에서 천주교도로서 조상제사 불가 등 가르침을 받고 모친상을 천주교식으로 치렀는데, 정조 5년(1791년) 제사를 거부하고 신주를 불태운 진산사건이 발생했다. 이 사건으로 서학(西學) 서적을 발간했다는 탄핵을 받고 관직에서 파직된다. 1801년 순조가 즉위하자 섭정인 정순대비에 의해 신유박해가 시작되었다. 정약종, 이가환, 권철신, 주문모, 강완식 등 300여 명이 처형되었고 정약용과 정약전 등 수많은 사람들이 유배당했다. 이승훈도 1801년 신유박해로 의금부에서 취조를 받고 2월 서대문 밖 형장에서 사형당했다. 이승훈의 세례명은 베드로이고 호는 만천이다. 묘는 인천광역시 남동구 장수동 산132-1에 있다.


## ▌황효원(黃孝源, 1414~1481)

황효원 선생은 상주황씨로 세종 26년(1444년) 식년문과(式年文科)에 장원(壯元)해 예빈시(禮賓寺) 주부가 되고 예조좌랑(禮曹佐郎), 좌헌납(左獻納) 이조정랑(吏曹正郎)을 역임했다. 단종 즉위년(1453년) 검상을 거쳐 사인에 승진되고, 1454년 사복시윤에 제수됐다. 1455년 수양대군이 세조 즉위에 협력한 공으로 추충좌익공신 3등(推忠佐翼功臣 3等)에 책록되었다. 같은 해 1454년 이조참의(吏曹參議)와 호조참판(戶曹參判)에 승진되면서 상산군에 봉해졌다. 1458년 대사헌(大司憲)이 되고 형조참판을 거쳐 충청도 관찰사로 나갔으며 이듬해 예조참판이 됐다가 경기도 관찰사로 나아갔다. 1460년 경기 감사로 재임 시 진위현(平澤)을 순시할 때 현이 쇠약해 관노비와 지대(支待)가 없어 모든 일을 촌민들이 하는 것을 보고 해남에 있는 노비 26명을 배에 싣고 와 진위현(平澤)에 주어 영구 관노비로 삼게 했다. 대신이 이를 임금에게 아뢰어 특별히 복호(復戶)와 60결의 땅을 포상으로 받았다. 1470년 우참찬이 되고 1471년 성종의 즉위를 보좌한 공으로 좌리공신 4등(佐理功臣 4等)이 됐다. 자는 사행(士行), 호는 소원(小原)이며 익호는 양평(襄平)이다.

## ❖ 역대 진위현령의 선정비 및 공덕비 현황

평택에는 진위면 봉남리의 진위향교와 팽성읍 객사리에는 평택향교 즉 두 개의 향교가 있다. 진위향교 입구 정문 우측에는 옛 진위현 때 선정비군이 있다. 반면 평택향교 입구 왼쪽에 현령으로 재임 시 백성에 대해 선정을 베풀었기에 건립된 선정비 및 공덕비 세워져 있다. 현장에 답사해 보니 진위향교 앞 선정비군 내에는 아래 사진같이 15명의 선정비 및 공덕비가 세워져 있어 일반인들도 이해하기 아주 쉽게 주물로 세워졌다. 조만간에 평택향교 앞 선정비군도 재정비돼서 역사 인물에 대해 재조명되길 기대해 본다.

| 번호 | 성명 | 건립비 명 | 건립연대 | 관직 | 비고 |
|---|---|---|---|---|---|
| 1 | 이하구(李夏龜) | 청덕애민선정비(淸德愛民善政碑) | | 振威縣令 | |
| 2 | 윤광적(尹光迪) | 청간애민비(淸簡愛民碑) | 1700 | 振威縣令 | |
| 3 | 이명달(李命達) | 선정비(善政碑) | | 振威縣令 | |
| 4 | 이백연(李伯演) | 청간선정비(淸簡善政碑) | 1700 | 振威縣令 | |
| 5 | 서광두(徐光斗) | 애민선정비(愛民善政碑) | | 振威縣令 | |
| 6 | 황유수(黃裕秀) | 청덕애민비(淸德愛民碑) | | 振威縣令 | |
| 7 | 목양석(睦養錫) | 영세불망비(永世不忘碑) | | 振威縣令 | |
| 8 | 이기신(李騏新) | 애민선정비(愛民善政碑) | 1863 | 振威縣令 | |
| 9 | 유시회(俞是會) | 청덕선정비(淸德善政碑) | 1636 | 振威縣令 | |
| 10 | 황표(黃表) | 청간애민선정비(淸簡愛民善政碑) | | 振威縣令 | |
| 11 | 이위(李瑋) | 청간애민비(淸簡愛民碑) | 1121 | 振威縣令 | |
| 12 | 김도희(金道喜) | 애민선정비(愛民善政碑) | 1837 | 振威縣令 | |

| 번호 | 성명 | 건립비 명 | 건립연대 | 관직 | 비고 |
|---|---|---|---|---|---|
| 13 | 김재순(金載舜) | 영세불망비(永世不忘碑) |  | 振威縣令 |  |
| 14 | 박병(朴柄) | 청간선정비(淸簡善政碑) | 1636 | 振威縣令 |  |
| 15 | 심창(沈昶) | 선정비(善政碑) |  | 振威縣令 |  |

# 3. 평택 시정 책임자 임명 및 선출 정무직

## ▌최종구(崔鐘球, 1932~)

최종구 시장은 1932년 고덕면 방축리 696번
지에서 태어났다. 1957년 건국대학교 정치외교
학과를 졸업하였다. 1962년부터 중앙행정부처
인 내무부에 근무하며 예산 계장, 지방세 계장,
재정 계장, 재해대책 계장을 역임하였다. 1972
년부터는 경기도청에서 식산(殖産) 국장, 농정

(農政) 국장, 농림(農林) 국장을 거쳐 평택군수, 시흥군수, 김포군수,
강화군수, 가평군수, 동두천시장을 지냈다. 당시 관선 평택군수의 기간
으로 1978.3.10~1979.11.14. 약 1년 6개월을 재임했다. 이후 평택시장
은 1991.7.16.~1993.3.28. 지내며 고향 평택을 위해 군수와 시장직을
도합 3년 6개월 동안 수행했다. 수훈(受勳)으로는 녹조근정훈장 2회,

대통령 표창 1회를 수상하였다.


## ▌ 김선기(金善基, 1953~현재)

김선기 시장은 진위면 가곡리 360번지에서 
태어났다. 갈곶초등학교, 평택중학교, 평택고등
학교 16회를 거쳐 성균관대학교 경영학과를 졸
업했다. 성균관대학교 졸업 후 LG정유에서 근
무하다가 1980년 행정고등고시 및 공인회계사
시험에 합격했다. 이후 공무원으로 입직해 관료
로 생활을 시작했다. 관료 경력은 내무부에서 시작했으며, 내무부 지방
재정국 및 행정국에서 사무관으로 근무하였고 미국 조지워싱턴대학교
대학원 경영학과 경영학 석사(1985년 2월) 과정을 졸업했다. 내무부에
서 경기도청으로 이동해 기획담당관(국장급)을 거쳐 관선 평택군수를
지냈다. 김선기 시장은 평택에서는 앞으로도 깰 수 없는 기록이 있다.
관선 평택군수, 평택시장 그리고 민선 평택시장 4회를 역임했다. 즉 임
명직 시절 평택군수(94.10.6~95.5.9) 선출직 민선 1기(95.7.1~98.6.30)
민선 2기(98.7.1~2002.6.30.) 민선 3기(2002.7.1.~2003.12.17.) 민선 5
기(2010.7.1.~2014.6.30.) 도합 15년여 기간 동안 평택 시정을 책임 맡
아왔다. 바쁜 와중에 시정을 보면서도 학업에 열중해서 중앙대학교 대
학원 경제학과 경제학 박사(2015년 2월)를 받았다. 2015년 수원대학교
경제학과 객원교수(2015년 8월), 2016년 한국방송통신대학교 경영학

과 객원교수(2016년 8월)로 활동을 했다. 아울러 그간 평택 시정을 운영하면서 쌓은 경험을 바탕으로 사)경기평택발전연구소 대표, 2021년 인하대학교 경제학과 객원교수, 중앙대학교와 평택대학교 객원교수를 맡으면서 후진양성에 노력하고 있다.

## ▌송명호(宋明鎬, 1955~현재)

송명호 시장은 평택동 52-6번지에서 태어났다. 평택고등학교, 한국외국어대학교 스페인어과, 평택대학교 사회개발대학원 행정학 석사, 미국 사우스캐롤라이나 주립대학교 사회복지대학원 사회복지학과 석사과정을 졸업하였다. 이후 박애의료재단 박애병원 이사장 재직 중 평택의 최고 병원이라는 명성을 얻었다. 평택의 의료 활성화를 위해 노력하던 중에, 당시 김선기 평택시장이 시장직을 사임할 수밖에 없는 일이 발생했다. 이에 평택의 발전을 위해 노력하겠다는 마음으로 2004년 재보궐 선거에서 한나라당 후보로 평택시장에 출마해 당선됐다.

2년 후 2006년 제4회 전국동시지방선거에서 한나라당 후보로 나와 당선되었다. 2010년 제5회 전국동시지방선거에서 한나라당 후보로 나섰으나 민주당 김선기 후보에 밀려 낙선됐다. 이후 동국대학교 법정대학 행정학과 겸임교수, 한·일복지경영협의회 한국 측 공동대표, 평택시

생활 체육협의회장직을 역임한 바 있다. 한편 송명호 전시장은 평택시
로부터 2022년 9월 2일 시청 대회의실에서 실·국·소장과 읍·면·동장
을 비롯한 170여 공직자가 참여한 9월 직원 월례 조회 자리에서 민선
제4~5대 평택시장 재임 동안 지역사회와 시정 발전에 기여하였기에 공
로패를 받았다.

# 제4장

# 현대 평택정치 인사이더 정치인 및 관료

## 1. 개요

평택 시민의 민의를 대변하기 위해 선출되어 민의전당(民意殿堂)인 국회에 진출한 평택의 역대 국회의원을 알아봤다. 제헌의원부터 시작해서 최근 현대까지 평택 지역사회의 발전을 위해 헌신적으로 노력한 국회의원을 소개한다. 최석화, 안재홍, 황경수, 정존수, 이병헌, 유치송, 이윤용, 최영희, 서상린, 이자헌, 권달수, 김영광, 허남훈, 우제항, 이재영 등이다. 지방의원까지 소개했으면 좋으련만 책의 지면 관계상 소개하지 못함을 아쉽게 생각한다.

# 2. 인물

## ▎최석화(崔錫和, 1912~1982)

　최석화 의원은 수성최씨로 포승읍 석정리 115번지에서 출생했다. 1933년 중앙고보 졸업 후 보성전문학교에 진학해 법과를 1937년 졸업했다. 일찍부터 홍성군 소재 월계와 대현 2곳의 광산을 8년간 경영했다. 해방 후 국민 운동과 교육 사업에 종사했으며 1947년 민선 포승면장에 당선돼 1년간 재임하였다. 1948년 제헌국회의원선거에 무소속으로 출마해 당선됐다. 1949년부터 1950년까지 국민당 중앙위원과 원내 간사 및 정치위원회 총무를 역임했다. 이후 제2대~3대 국회의원선거에 계속해서 출마했으나 뜻을 이루지 못하고 정계에서 은퇴했다. 1960년 안중중학교 재단법인 이사와 한국화물자동차(주) 상무이사를 지냈으며 1972년 10월 유신 때 제헌국회의원의 친목 단체인 제헌동지회 일원으로 유신헌법을 지지한 바 있다. 묘는 포승읍 석정리 선영에 있다.

## ▌안재홍(安在鴻, 1891~1965)

안재홍 선생은 순흥안씨로 1891년 12월 30
일 고덕면 두릉리에서 태어났다. 1911년 9월 와
세다대학 정경학부에 입학하였고, 21살의 안재
홍은 장대한 기개와 포부를 드러내 '민중의 세
상'이라는 뜻의 '민세(民世)'라는 아호(雅號)를
지어 평생 삶의 지향점으로 삼았다. 안재홍은
조선학 운동의 과제로 '민족으로 세계에, 세계로 민족에' 교호되고 조
합되는 민족적 국제주의—국제적 민족주의를 형성하자는 민세주의(민
세주의)를 제창하였다. 이후 안재홍 선생은 1950년 5월 제2대 민의원
선거에 출마하여 평택에서 무소속으로 당선되었다. 그러나 곧바로 한
국전쟁이 일어났고 9월 북한군 보위부에 연행되어 납북되었고 1965년
3월 1일 75세를 일기로 평양에서 별세하였다. 정부에서는 선생의 공
훈을 기리어 1989년 건국훈장 대통령장을 추서하였다. 고덕면 두릉리
646번지에 있는 안재홍 생가는 경기도 기념물 제135호이다. 한편 민세
안재홍 선생의 얼을 기리는 선양사업을 위한 기념사업회가 결성돼 왕성
하게 활동하고 있다.


## ▌황경수(黃慶秀, 1906~1987)

황경수 의원은 창원황씨로 현덕면에서 출생했다. 서울중동학교를 졸

업하고 1927년 일본 와세다대학 정치과를 수료했다. 1930년 평택군 농
업협동조합장을 시작으로 1937년 평택군 농협의원으로 활동했다.
1939년 평택군 평택읍 제2대 민의원의원에 당선됐다. 1944년 조선상공
회 평택출장소장, 1949년 조선방직주식회사 이사를 역임했다. 1953년
평택중·고등학교를 설립 후 교장으로 취임해 후진양성에도 전력했으며
이후 평택기호수리조합장과 경남수리조합장, 대동산업회장 등 왕성한
사회활동을 했다. 1954년 실시된 제3대 국회의원선거에서 자유당 후보
로 당선됐다. 국회에서는 농업자금 특별위원장, 수해대책위원장, 애국선
열 유족후원회장을 맡아 활동했다. 1957년 FAO(국제연합 식량농업기
구) 한국지부 부위원장을 역임했다. 1958년 자유당 원내 활동에 비협조
적이고 당의 위신을 실추시켰다는 이유로 제명당했다. 제4대 국회의원
입후보했으나 낙선했다. 이후 민정당 평택지구당 조직책이 돼 중앙당 정
책조정위원회 농림상공위원장을 했다. 묘는 현덕면 광덕 선영에 있다.

## 정존수(鄭存秀, 1910~1993)

정존수 의원은 동래정씨로 현덕면 인광리에
서 출생했다. 경기고등학교와 경성법전을 졸업
했다. 사법고시에 합격해 서울 지방 법원 판사
와 수원지방법원장을 지냈다. 1954년 정치에
뜻을 두어 자유당에 입당했다. 제3대 국회의원
선거에서 수원지방법원장으로 활동하던 바탕으

로 수원시에서 당선됐다. 1957년에는 자유당 경기도 위원장으로 선출
되었다. 1958년 제4대 국회의원선거에서는 수원에서 활동하던 정치 기
반을 고향인 평택군으로 옮겨 자유당 공천을 받아 당선됐다. 국회에서
는 감찰위원장 및 기획위원으로 활동했고 1960년 대통령 선거에 부정
개입한 죄로 구속 수감됐다. 제5대 국회에서는 옥중출마했으나 자진
사퇴했다. 1967년 제7대 국회의원선거에 입후보했으나 뜻을 이루지 못
하고 정계를 떠났다. 은퇴 후 수원에서 변호사로 활동하다 1993년 숙
환으로 별세했고 묘는 천안 광덕산 선영에 있다.


## ▌ 이병헌(李炳憲, 1896~1976)

　이병헌 의원은 함평이씨로 현덕면 권관리
455번지에서 출생했다. 이병헌이 보성전문대 법
과생이던 1919년 1월 중순 손병희(孫秉熙)의 지
령으로 비폭력 대중화 일원화의 독립운동 3대
원칙을 기록해 동지들에게 전달했다. 2월에는
천도교 교단으로부터 독립운동 자금 5천 원을
인출해서 이승훈(李昇薰)에게 전달했다. 2월27일 보성사에서 독립선언
서의 인쇄를 돕고 이를 비밀리에 천도교 교당으로 운반한 이후 전국 각
지에 배포했다. 1919년 3월 1일 민족 대표 33인이 서울 종로의 태화관
에 모여 독립선언서를 낭독할 때 별실 6호에서 대기하던 청년 대표 6인
중 한 명이었다.

이병헌은 독립 의지를 설파하면서 고향인 평택 지역 학생들과 연락을 취했고 만세 시위운동을 고취했다. 1945년 해방 이후 경찰전문학교 총무과장과 경찰대학장 및 행정신문사 사장, 국사 편찬 위원 등을 역임했다. 정계에 입문해서 국회의원 2, 3, 4대 선거에서 무소속과 민주당 후보자로 출마했으나 낙선했다. 1960년 7월 29일 실시된 제5대 국회의원선거에서 민주당 소속으로 출마해 당선됐다. 제6대 국회의원선거에서 국민당 소속으로 출마했다가 유치송 후보에게 낙선된 이후 정계를 은퇴했다. 1959년 『3·1 독립운동 비사』를 출간했다. 정부에서는 그간 공적을 인정해 1993년 건국훈장 애족장을 추서했다.

## ▍유치송(柳致松, 1924~2006)

유치송 총재는 전주류씨로 1924년 10월 7일에 이천에서 태어났지만 한 살(1세) 때 조부가 비전동으로 이사와 자라고 성장하면서 생활하였다. 1943년 경성고등보통학교 졸업, 1948년에 신익희 국회의장의 비서로 정계에 입문하였고 그해 서울대학교 경제학과에 입학하여 1952년 경제학사 학위를 취득하였다. 1963년 제6대 국회의원 총선거에 출마하여 민정당(民政黨) 후보로 출마하여 국회의원에 당선되어 원내에 입성했다. 1967년 신민당(新民黨)이 출범한 뒤에는 신민당 조직국장과 사무총장, 최고위원 등을 역임하였다.

1981년 12월 21일 군사정부인 제5공화국 헌법 발효와 함께 기존의 모든 정당이 해산되자, 당시 정치활동 금지를 받지 않은 정치인들을 규합하여 민주한국당(民主韓國黨)을 창당했다. 민주정의당(民主正義黨)에 맞서 제1야당의 총재로 제12대 대선후보로 추대되기도 하였다.

제6, 9, 10, 11, 12대 5선의 국회의원을 지냈고 신익희 선생 기념사업회장, 헌정회 원로자문회의 위원, 통일원 고문, 대한민국헌정회 회장, 헌정회 원로회의 의장을 지냈다. 제18, 19대 국회의원과 경제부총리 겸 기획재정부장관을 지낸 유일호가 그의 아들이다. 호는 만취(晩翠)이며 저서로는 『해공 신익희 선생 일대기』, 『역사의 기로에서』, 『민주화의 과제』가 있다

## 이윤용(李允鎔, 1915~1985)

이윤용 의원은 전주이씨로 서정리에서 출생했다. 중앙농민학교 농업 경영학과를 졸업했다. 지역에서 합명회사 평택운수 사장과 대한통운 외하주식회사 대표이사 회장을 역임했다. 1952년부터 송탄면 의회 의원으로 제1대부터 3대까지 활동했고 경기도의회 의원을 무소속과 자유당 소속으로 1대부터 3대까지 지냈다. 경기도의회에서는 예산결산 위원장과 부의장을 했다. 5·16 이후 민주공화당에 입당 후 1963년 6대 국회의원선거에 출마했으나 야당으로 나선 민정당 유치송 후보에 낙선

했고 4년 후 1967년 7대 국회의원선거에서는 유치송 의원과 재격돌해
서 승리해 국회에 입성했다.

그러나 부정선거 논란이 커지자 민주공화당에서 제명되었고 복당 후
민주공화당 제9지구당 위원장과 중앙상무위원으로 활동했다. 1971년
제8대 국회의원선거에서는 평택 지역과 연고가 없었던 서울 출신 육군
참모총장을 역임한 최영희 후보에 밀려 공천에서 탈락했다. 1971년에
는 삼원화학 회장과 한국잉크 회장 등을 지냈다. 1978년 제9대 총선
중대선거구 평택-용인-안성 선거구 두 명을 뽑는 선거에서 민주공화
당 서상린 후보와 신민당 유치송에 밀려 낙선해 정계에서 은퇴했다. 한
편 이윤용 의원 후손들은 서정리역 앞에 '생가터 표지석'을 세웠고 인근
서정리 공원 내 평택돌문화공원 옆에 이윤용 의원의 호(號)를 딴 우석
이윤용 기념관을 운영하고 있다.

## 최영희(崔榮喜, 1921~2006)

최영희 장군은 수성최씨로 1921년 서울서 태
어났다. 휘문중학교를 졸업하고 1944년 日本
센슈대학 법학부를 졸업하고 1953년 미국참모
대학(美國參謀大學)을 졸업하고 1961년 미국
조지워싱턴대 정치경제학부를 연수하였다. 이
후 육군보병(陸軍步兵) 제1사단장·제8사단장·

제15사단장, 육군참모총장, 연합참모부총장을 역임하면서 해방 후의 혼란기와 한국전쟁 뒤의 사회적 정치적 혼란 속에서도 국토방위의 임무를 수행하여 사회 안정을 꾀하였다. 최영희 의원은 장군으로 광복 이후 대한민국 창군 과정에 크게 기여했고 6.25 전쟁 당시 노전평 전투 등에서 수 많은 전투에서 혁혁한 공을 세운 참군인이었다.

퇴역 후 駐터키공화국大使(駐이란·요르단·사우디아라비아 大使 겸임)에 임명되어 국가 외교에 헌신하였고 정치에 참여하면서 제7·8·9·10대 국회의원에 당선되어 국회 국방위원장, 외무위원장, 국방부 장관 등 다수의 중책을 맡아 훌륭하게 수행하였다. 정계를 떠난 후 대한통운 사장, 단국대 재단 이사, 외교국방연구소 이사장, 자유민주연합 고문을 맡았다. 국가의 주권 수호를 위한 공로로 군인의 최고 명예인 태극무공훈장을 비롯 을지무공훈장, 충무무공훈장, 화랑무공훈장, 美은성훈장, 美수교훈장광화장, 美근무유공훈장, 美동성무공훈장 등 받았다. 한편 육군5군단은 지난 2022년 6월 24일 초대 군단장을 지낸 최영희의 군인정신과 애국혼을 기리기 위해 최영희 장군 동상 제막식을 거행했다.

## 서상린(徐相潾, 1925~2009)

서상린 의원은 달성서씨로 평택에서 가까운 거리에 있는 안성시 양성면 방축리에서 태어났다.

예비역 육군장성이면서 5선 국회의원이다. 육군사관학교 8기생으로 5·16 쿠데타에 참여해 외자청 부산사무소장, 갱생회 이사장, 홍익회 이사장을 지내고 육군 준장(准將)으로 예편했다. 정계 입문 과정은 민주공화당(民主共和黨)의 창당위원, 경기제8지구당위원장으로 1963년 제6대 국회의원선거(안성군-용인군)에서 당선돼 초선으로 국회건설위원장을 1967년 제7대~제8대 국회에서는 국회교통체신위원장에 선출되었다.

1973년 제9대 국회의원선거 때 평택군·안성군·용인군 3개 지자체가 한 지역구가 되면서 국회의원 2명을 선출하는 중대선거구로 평택 출신 신민당 유치송 의원과 동반으로 연속 국민의 대변자가 됐다. 그래서 1978년 제9대 국회에서는 APU(아시아국회의원연맹) 한국대표단장을, 1979년 제10대 국회에서는 5선의 관록으로 법사위원장을 역임했다. 한편 평택 지역사회 발전을 위해서는 국회교통체신위원장으로 1978년 전화광역화사업의 시범 사업을 평택에 유치해 전국 최초의 광역화를 이루는 데 지대한 공헌을 했다. 묘는 대전 국립 현충원에 있다.

## ▌이자헌(李慈憲, 1935~현재)

이자헌 의원(장관)은 함평이씨로 포승읍 내기리에서 태어났다. 내기

국민학교, 경기고등학교와 서울대학교 문리대
학 정치학과를 졸업했다. 이후 민족 언론의 긍
지와 자부심을 갖고 민족의 반려자요, 국민의
계몽자로 국민의 등불과 대변자가 되는 언론인
으로 사회 첫발을 시작했다. 세계통신 합동통
신 기자로 투신, 조선일보 정치부 차장, 서울신

문 정치부장 이사 겸 편집국장을 역임했다. 또한 신문편집인협회 운위
위원, 정치학회 이사, 서울신문 이사 등이 중요 직책을 맡아오면서 언
론문화 창달과 진흥에 지대한 영향을 미쳤다. 정계에 입문하기 전 국제
언론인협회 한국위원과 제2무임소장관실 정무관리실장 겸 정책관리실
장을 역임했다. 1978년 제10대 국회의원선거에서 유신정우회(유정회) 3
기 국회의원으로 여의도에 입성했다.

1980년 제5공화국 전두환 정부가 출범하면서 제11대 국회의원선거
당선돼 등원한 이후 평택에서 14대까지 연속 당선되는 5선의 탁월한
역량을 과시하였다. 그동안 제34대 체신부 장관, 대통령 특사, 민주정
의당 중앙집행위원, 민주정의당 경기도지부 위원장, 민자당 당무위원,
민자당 국책연구원장, 원내총무, 국회운영위원회 위원장, 한나라당 상
임고문 등 활기 넘치는 의정 및 당무 활동을 펼쳤다. 특히 체신부 장관
시절 평택 지역은 물론 안성군 서부 지역까지 전화선 보급 확장을 위해
최대의 노력을 했다. 그동안 쌓아온 수많은 공로로 홍조근정훈장과 청
조근정훈장을 수상하는 영예를 안기도 했다.

## 권달수(權達洙, 1936~2009)

　권달수 의원은 안동권씨로 비전동 600번지에서 태어났다. 1955년 경기기계공고를 졸업하고 1959년 건국대학교 법학과를 졸업했다. 일찍이 실업계로 투신한 후 고려피혁(주) 이사로 풍부한 기업 경륜을 쌓았다. 이후 한동건설(주) 이사, 흥진산업사 사장, 한림산업산업(주) 대표이사 등으로 실업 활동을 하면서 지역산업 육성과 건설산업 진흥으로 지역개발에 일익을 담당해 왔다. 기업의 대 사회적 기능에 대한 윤리관과 사명 의식이 투철했기에 지역사회 활동으로 평택청년회의소(JCI) 부회장, 평택로타리클럽 회장, 새마을금고 평택군 지부장, 새마을운동중앙회 평택군지회장, 안동권씨 평택송탄종친회장을 지냈다. 권달수 의원은 30대 초반 이윤용 공화당 국회의원 보좌관으로 정치에 입문했다. 1988년 민주자유당 송탄시·평택시 지구당으로 제13대 국회의원 총선에 출마해서 야당의 거물 민주한국당 유치송 총재를 물리치고 파란을 일으킨 바 있다. 의정활동의 청사진으로 과거 부분적으로 권위주의와 경직된 정치 현상이 있었던 것을 참고하여 미래의 영광된 복지사회 건설을 위해 매진하였다. 국회 내에서는 교통·체신위원과 민자당에서는 원내 부총무로 활동했다.

## 김영광(金永光, 1931~2010)

김영광 의원은 광산김씨로 지산동에서 태어 났다. 수원농업고등학교와 고려대 정치학과를 거쳐 한양대학원에서 정치과 석사과정을 졸업 했다. 중앙정보부 판단기획국장 출신으로 정치 계에 대한 남다른 의욕과 뜻을 지닌 바 활기 넘 치는 활동을 했다. 월간『신사조』사 사장, 한국자 유총연맹 사무총장, U.P.I한국 대표, 안중근 의사 숭모회 상임이사, 청 산리 항일대첩비 건립위원장, 한일의원연맹 운영위원장, 한일친선중앙 협회 부회장, 대한민국헌정회 이사, 아시아정책연구원 이사, 자유평론사 이사장, 민주자유당 해외동포특별위원, 한국국민당 사무총장, 민주자유 당 국책자문위원장을 역임했다. 국회 입성은 제10대 유신정우회를 통해 서 했다. 지역구는 평택에서 제11대와 제14대 국회의원 활동을 했다.

우리나라 정치인으로는 가장 백두산에 올랐으며 민족정기(民族精氣) 를 바로잡는 데 공헌, 분할된 백두산 영유권 확인 결의안을 제정했다. 연구논문과 저서로『韓半島의 安保情勢』와『日本 知性이 본 安重根』 등 다수가 있다. 그리고『샴페인을 너무 일찍 터뜨렸다』를 편역함으로써 나태해진 우리 사회 전반에 경종(警鐘)을 울렸다. 아울러 광복 후부터 줄곧 시행되었던 통행금지 해제 및 구정을 공휴일로 제정하는 등 사회 전반적인 분야에 관심을 가졌다. 상훈으로 홍조근정훈장, 보국훈장 천수장, 중국운마훈장 등을 수상했다.

## 허남훈(許南薰, 1937~2006)

허남훈 장관(의원)은 김해허씨로 고덕면 동청리에서 출생했다. 1956년 경복고를 졸업하고 1962년 서울대학교 법정대학 행정과와 동 대학교 사법대학원을 졸업했다. 고등고시 행정·사법과 양과에 합격한 수재로 재무부 이재국에서부터 공무원 생황을 시작했다. 1970년 상공부 총무과장을 시작으로 상공부 감사관, 섬유공업국장, 유통수입국장, 동력개발국장을 역임하였다. 1978년 동력자원부 발족과 함께 전기국장과 1980년 기획관리실장이 되어 국내 자동차공업 기술 체제를 확립시키며 수출 기반을 다졌다.

대통령 경제비서관, 상공부차관과 공업진흥청장을 확고한 사명감과 철두철미한 책임 수행으로 우리나라 공업 분야에 지대한 업적을 남긴 것으로 정평이 났다. 1990년 환경처 장관이 되어선 날로 심각해지는 각종 오염 문제 대비책 강구에 고심했으며 환경정책 예시제를 활용한 효율적 관리에 심혈을 기울였다. 한국가스공사 이사장으로 있으면서 편리하고 안전한 가스공급 확대 및 시설 확충에 주력했고 특히 LNG가스, 평택 화력 유치 등 고향 평택 발전에 크게 기여했다. 1996년 정계 입문해 15대 국회의원선거에서 자유민주연합(자민련) 후보로 입후보해 당시 평택정치 거물인 이자헌 후보를 누르고 여의도에 입성했다. 그러나 2004년 제16대 국회의원에 입후보했으나 낙선 후 정계에서 은퇴했다. 상훈으로 중정부장 표창장, 홍조근정훈장, 황조근정훈장, 청조근정훈장을 받았다. 저서로 『국가발전과 환경』, 『환경경영과 기업』이 있다. 묘는 고덕면 동청리 선영에 있다.

## ▌우제항(禹濟恒, 1948~현재)

우제항 의원은 단양우씨로 진위면 은산리 957번지에서 1948년에 태어났다. 진위초등학교, 서울고등학교, 서울대학교 문리대, 서울대학교 환경대학원(도시계획학 석사)을 졸업했다. 제22회 행정고시 합격 이후 산업자원부 감사실에서 근무하다가 경찰에 투신 이후 국회경비대장, 고향인 평택경찰서장직을 마치고 서울 영등포경찰서장, 경찰청 법무담당관을 역임했다. 경희대학교에서는 객원교수로 장안대학교에서 겸임교수로 후진을 양성했다. 고향인 평택의 발전을 위해 제16대 총선 무소속으로 평택갑에 출마했으나 낙선했다. 17대 국회의원선거에서는 평택 북부인 평택 갑 선거구에서 열린우리당 후보로 당선돼 정치에 입문했다. 국회에서 국회정치개혁특별위원회위원과 행자위법안심사소위원장으로 활동했다.

## ▌이재영(李在暎, 1956~현재)

　이재영 의원은 경주이씨로 1956년 포승읍 석정리 209번지에서 태어났다. 안중초, 안중중, 서울 성지고, 용인대학교, 용인대학교에서 경영학 석사학위를 취득했다. 졸업 이후 준종합건설(주) 대표이사직을 맡으며 경영인으로 활동했다. 경기지구 JC회장, 라이온스클럽 354-B지구 부총재, 안중제일신용협동조합 이사장을 역임했다. 2002년 제3회 지방선거에 한나라당 후보로 출마하여 경기도의회 의원으로 당선됐다. 2012년 제19대 총선에서 새누리당 후보로 과거 평택시을 선거구에 출마하여 당선됐지만 2014년 1월 공직선거법 위반 등으로 당선무효형이 확정돼 의원직을 상실한 바 있다. 이재영 의원 활동 사항은 경기도문화의전당 이사, 한나라당 경기도지부 부위원장, 한나라당 평택시 을 지구당 운영위원장, 경기도의회 새누리당 대표의원, 경기도의회 평택항 특별위원장, 새누리당 경기도당 위원장, 새누리당 제18대 대선 선대위 인재영입본부장, 제19대 국회의원, 명지대학교 행정학 박사 등이다. 현재, 사)한국B·B·S중앙연맹 총재를 맡고 있다.

# 제5장

# 현대 평택정치 아웃사이더 정치인 및 관료

## 1. 개요

아웃사이더는 평택 출신으로 평택에서 국회의원 및 단체장 선거에 출마했거나 또는 당선되지 못했지만 정말로 평택을 위해 진실되게 노력한 인물로 장기천/장기만 형제, 서화택, 조성진, 이주상, 김학영, 윤주학 등이다. 또한 평택이 본적 및 원적이지만 출향 인사로 왕성하게 활동한 인물 정시봉 의원, 이병직 의원, 차규헌 장군, 문병하 의원, 김태경 경기도지사, 이계익 사장, 이계안 의원, 유일호 장관 등을 소개한다.

## 2. 평택에서 국회의원 및 단체장 선거에 출마자 및 거론됐던 사람

### ▌안정용(安晸鏞, 1915~1971)

안정용 선생은 순흥안씨로 고덕면 두릉리에서 민족운동가 민세 안재홍의 장남으로 태어났다. 1922년 서정리공립보통학교(서정리초등학교 3회), 1928년 경성제1고등학교(현 경기중고교)에 입학하였다. 1929년 재학 중에 광주학생의거에 참여하였으며 1936년에 보성전문학교(고려대 전신)를 졸업하고 유한양행에 취직하였으며 1943년에는 보인당 제약을 인수해 전무 겸 취체역으로 경영을 담당하였다. 안정용 선생은 외향적 지사형으로 호방하면서도 그릇이 큰 인물로 알려졌다. 부친 민세 안재홍을 닮아 원칙적이며 불의를 보고는 참지 못하는 성격에다가 인정이 많아 주위로부터 존경을 많이 받아왔다고 알려졌다. 1945년 해방 이후 정치 및 사회활동에 전력을 다했다.

건국추진대를 결성 책임 총무, 신탁통치 문제가 제기되자 반탁중앙위원회 중앙위원으로 반탁운동에 참여했고 국민당 중앙위원에 피선되었다. 1950년 5월 실시된 2대 국회의원선거에 부친 민세 안재홍이 평택군에서 출마하자 부친의 선거를 도왔다. 1955년 이승만 독재를 비판하고 혁신 세력의 대동단결운동에 참여하여 민주혁신당 창당 후 보안법 반대국민대회준비위원장을 맡았고 한국사회당 간사장도 역임했다. 안정용 선생은 고향 평택에서 혁신 진보 정치의 실현을 위해 한국사회당과 혁신진영연합 공천으로 1960년 제5대 국회의원선거와 초대 참의원선거에 출마했으나 아깝게 낙선했다. 그리고 1967년 제7대 국회의원 선거에 이번에는 대중당 이름으로 도전했으나 두 번째 실패했다. 1969 년에는 3선개헌반대범국민추진위원회 추진위원으로 활동도 했다. 즉 진보혁신운동의 선구자로 활동을 했다. 저서로 『조선청년의 기본진로』 가 있다.


## 장기천(張基天, 1939~2023)과
## 장기만(張基萬, 1946~현재) 형제

　　장기천 삼행시입니다. "(장)하다 그 이름, (기) 리기리 빛내어 (천)하에 이름을 떨치자" 장기천 선생을 모십니다. 상기 내용은 장기천 선생이 1971년도 8대 국회의원선거에 출마하면서 당시 평택 읍내에 내걸린 필자가 중학교 시절을 회상 한 선거 현수막이다. 이것은 이름 장기천 세 자 중 첫 글자를 따서 아주 의미 있게 뜻풀이한 것으로 기억한다. 장기천 선생은 단양장씨로 평택종합고등학교 5회와 구)우석대학교 재학 중 총 학생회장을 역임했다. 졸업 이후 70년대 정통 야당 신민당(新民黨) 시 절 상무위원을 역임한 정통 정당인이었다. 당시 야당 신민당(新民黨) 집단지도체제(集團指導體制)의 일명 서강파로 불리는 김재광(金在光, 1922~1993) 최고위원(最高委員)이 운영하는 동아정경연구회(東亞政 經研究會) 계파(系派) 소속이었다. 장기천 선생이 평택에 출마한 이력을 보면, 1971년 제8대 국회의원선거에서 국민당 후보로 나섰으나 민주공화당 최영희 후보에게 패했다.

1985년 제12대 국회의원선거에서 유치송 총재의 민주한국당 전국구 후보로 나섰으나 당선되지 못했다. 1988년 제13대 국회의원선거에서 통일민주당 후보로 나섰으나 민주정의당 이자헌 후보에게 밀렸다. 1992년 제14대 국회의원선거에서 민주당 후보로 나섰지만 평택-송탄 지역구에서 민주자유당 김영광 후보에게 밀려 낙선했다. 마지막으로 1996년 제15대 국회의원선거에서 통합민주당 후보로 평택시을 선거구에서 자유민주연합 후보 허남훈 후보에게 밀려 낙선했다. 위에서 열거한바 같이 평택에서 다섯 번이나 출마해 낙선했다. 한번은 국회의원에 당선돼야 했는데 한 번도 당선되지 못한 것에 아쉬운 마음을 가져본다.

장기만(張基萬) 前경기도의원은 장기천 선생의 친동생이다. 한광중학교와 평택종합고등학교 그리고 우석대학교 경제학과 재학 중 총학생회장을 지냈다. 졸업 후 평택 지역에 거주하면서 성동토건업을 건실하게 하였다. 선거 출마 경력을 보면 1991년 지방의원선거에서 경기도  의회 의원선거에서 낙선했다. 1995년 제1회 전국동시지방선거에서 민주당 후보로 나서 경기도의원으로 당선됐다. 2000년 제16대 국회의원선거에서 한나라당 후보로 평택시갑에서 출마했으나 당시 새천년민주당 원유철 후보에게 밀려 쓰라린 아픔을 겪었다.

장기만 도의원은 한광중·고등학교 총동문회장도 지냈고 지역에서 왕성한 활동을 하였다. 형님(장기천)은 다섯 번 이나 장기만 전)경기도의원은 한번 평택을 사랑하는 마음으로 국회의원선거에 문을 두드렸으나 여의도 입성은 실패했다. 필자가 보기에 두 형제 중 한 분이라도 여의도에 입성해야 했으나 당시 시대적인 배경은 그렇지 못했던 것이 아쉽다. 두 형제의 공통점을 보면 쉬운 일은 아니지만 장기천 선생이나 장기만 위원장이나 구)우석대학교(현, 고려대학교) 총학생회장을 지낸 사실이다.

## ▋ 서화택(徐華澤, 1935~2023)

서화택 위원장은 오산읍 출생으로 덕수상고와 중앙대 약대를 졸업하고 1957년 가톨릭학생회장을 역임하는 등 일찍부터 사회활동에 눈을 돌린다. 삶의 첫발을 디딘 곳이 1965년 평택의 안중이었다. 그해 '서약국'을 연 당시 안중만 해도 변변한 의료시설이 드물었고 꽤 많은 수고로움을 거쳐야 병원을 이용할 수 있던 시절이었다. 장터에 자리한 '서약국'은 지역사회에 없어서는 안 될 건강지킴이로 자리 잡아갔다. 사재를 털어 지역발전을 위한 오피니언 리더로서 봉사에 헌신했다.

당시로서는 생소했던 '봉사와 사회 환원'이라는 개념을 앞서 도입하고 실천하고자 1970년 공공건물이 전무하던 라틴어로 '빛'이라는 뜻을 가진 '누까회관'을 건립했다. 약국 한쪽 20여 평 남짓한 방을 개조해서 가난한 이들에게 예식장으로 쓰도록 무료로 개방하는 것을 비롯해 도서보급 운동, 사회단체 조직 등에 앞장서 왔다. 약국을 경영하며 지역사회의 봉사자로서 많은 족적을 남겼고 좌절을 겪으면서도 도전하기를 두려워하지 않는 소신 있는 정치인이었다. 지역사회 발전을 위해 정당인으로도 활동하며 13·14·15대 총선에 야당 후보로 정치에 도전하기도 했다. 비록 매번 낙선의 고배를 마셨지만 철새 정치인이 흔하던 시절 소신으로 야당의 길을 걷는 모습을 보여줌으로써 유권자들에게 강한 인상을 남기기도 했다.

특히 평택 서부 지역의 공동체 형성과 문화 발전에 온몸으로 한 획을 그은 야성이 넘치는 정치인이며 정당인으로 진정한 평택사회 정계원로였다. 서화택 위원장은 줄곧 야당 정치인의 걸어왔고 '정의'와 동지간 '의리'를 가장 큰 덕목으로 삼았다. 그 한 예로 평택이 낳은 큰 정치인 유치송 총재와 같이 한 정치적 야당성 동지들과 심우회를 조직해서 40여 년째 척사대회를 열어 친선 도모를 할 만큼 의리를 지켜왔다. 활동 사항은 윤봉길 의사 탄신100주년기념사업추진위원회 감사, 평택시약사회장(5선), 평택시테니스연합회장 등을 역임하고 1983년에 대한약사회 약연상과 2003년 경기약사대상을 수상했다. 어느 인터뷰에서 기자가 서화택 선생한테 물었다. 국회의원선거에 세 번이나 떨어져 정치에 미련이 남을 것 같다고 하니깐, "미련 없다. 그래도 늘 2등은 했다. 열심히 했다면서 인생이 그렇듯 싸움이 없이는 승리가 없고, 승리하지 않으면 월계관도 없다. 늘 노력하고 돌파해야 성공한다"라는 멘트가 기억이 남는다. 묘는 고인의 유지를 받들어 화장 후 오산시 선산에 안치됐다. 제4대 평택시의원을 지낸 서정희씨가 아들이다.

## ▌조성진(趙成珍, 1948~현재)

조성진 선생은 한양조씨로 1946년 안성군 원곡면 월곡리(현, 평택시 월곡동)에서 태어났다. 원곡초등학교, 평택중학교, 평택고등학교, 경기대학교법정대학 행정학과, 연세대학교행정대학원 정치학 석사과정을 졸업하였다. 경기대학교 재학 중 총학생회장을 지냈을 뿐만 아니라 전국대학총학생회연합회 회장으로도 선출돼 박정희 대통령의 3선 개헌 반대 투쟁에 앞장서기도 했다. 5공화국 때에는 민주화추진협의회에 참여했다. 김영삼·김대중, 2김씨가 분열된 후에는 김대중 전 총재의 평화민주당 황색 깃발의 노선을 따라 재야 정치인의 길을 걸어왔다. 13, 14대 총선에 낙선한 후 조 후보는 1995년 창당된 자유민주연합으로 옮겨 15, 16대 총선에 입후보했으나 역시 낙선했다. 2004년 다시 옛 친정이었던 열린우리당으로 돌아왔다.

그러나 비주류로 많은 설움을 받아야만 했다. 17대 총선과 평택시장 보궐선거에서 당내 경선에 참여해 가장 많은 당원들의 지지를 받았으나 결선투표에서 주류 후보들끼리의 연합작전에 밀려 번번이 실패하고 말았다. 조성진 선생은 중학교 1학년 시절부터 정치가의 꿈을 꿨다. 그것을 실현하기 위해 13대 총선을 시작으로 줄기차게 문을 두드렸으나 쉽게 열리지 않았다.

6전 7기의 조성진 위원장의 경력은 제13대, 14대, 15대, 16대, 17대 국회의원 후보 출마, 2004년 평택시장 후보 출마, 한국기독교연합 신문사 이사장, 평택 환경문제연구소 대표 등이다. 평택의 지역사회에 밝은 원로 한 분은 조성진 위원장에 대해서 너무 선하고 착한 것은 좋은데 정치에 임하는 자세의 결기가 부족했다는 이야기를 들었다. 필자는 개인적으로 평택 지역사회 발전을 위해 한두 번 정도 여의도에 입성해서 노력할 몇 명 되지 않는 너무나 아까운 선배로 기억한다. '꽤 괜찮은 선배…'라고. 오히려 교육계로 진출하였으면 인생은 좋았을걸.

## ▌이주상(李周相, 1941~2023)

이주상 경기도의회 부의장은 용인이씨로 1941년 포승면 만호리 237번지에서 태어났다. 내기초등학교, 안중중학교, 서울 성남고등학교를 졸업했다. 성균관대학교 법정대학정치학과 정치학사, 중앙대학교 산업경영대학원 행정학 석사학위를 받았다. 이주상 부의장은 일찍이 대학 3학년 때부터 '청록회'라는 단체를 만들어 농촌계몽운동의 일환으로 야학을 시작했다. 서부 지역 아이들의 꿈을 이루게 해 줄 '상록재건학교'를 설립했다. 상록재건학교는 지금의 포승중학교 전신이다. 이후에는 안중에 세운 태삼재건중학교의 교장으로 재임하며 교육을 받지 못한 청년들을 가르쳤다.

이주상 부의장은 1970년대 평택문화원 창립에 참여해 30대 초반 젊은 나이에 제3대 평택문화원장으로 활동하며 전국 최고의 문화원을 만들었다. 1978년 평택상공회의소가 만들어질 수 있도록 산파 역할을 했으며, 1979년부터 1980년까지는 제28대 평택청년회의소 회장과 한국청년회의소 중앙회 이사를 역임했다. 1988년부터 1995년까지 평택농지개량조합장 3선, 농지개량조합연합회 중앙협의회 부회장, 평택시의료보험조합 대표이사, 평택시체육회 자문위원, 평택시장애인협회 이사장 등 많은 활동을 이어갔다.


2006년 제6대 경기도의원 선거에 출마해 폭넓은 인맥과 지지층을 바탕으로 당선됐다, 이후 7대까지 연임하면서 경기도의회 부의장으로 활동했다. 임기 말에는 교육위원회에 속해 한나라당 소속으로 당시만 해도 파격적이라 여겨졌던 무상급식론을 펼치기도 했다. 경기도의회 의원 임기가 끝난 뒤 2009년부터 평택시교육발전협의회장으로 활동했다. 당시 현안 사항인 평택항수호범시민운동본부 공동대표를 맡아 경기도의원으로 활동하던 당시 평택항매립지를 되찾기 위해 열정적으로 노력했다. 평택 지역발전을 위해 노력한 흔적으로 1981년부터 내무부장관

표창, 문화공보부장관 표창, 경기도지사 표창, 2009년 대통령 표창, '제5회 평택봉사대상', '제8회 율곡대상 광역정치부문상'을 수상하기도 했다. 다양한 방면에서 평택 지역발전을 위해 힘써왔던 이주상 부의장은 경기도 도의원을 넘어 더욱 큰 정치 평택시장이나 국회의원도 선출되고 남을 만큼 역량 있는 큰 인물이었지만 그 꿈을 이루지 못한 것이 매우 안타깝다.

## 김학영(金學永, 1936~2019)

김학영 선생은 통복동 157번지에서 태어났다. 평택고등학교 2회 졸업생이고 단국대학교 법학과를 졸업 후 서울대학교 행정대학원을 수료했다. 한국방송공사(KBS) 입사 후 정치부 기자와 사회부장을 거쳐 7~80년대 KBS TV 9시 뉴스를 진행해서 전국적으로 알려진 앵커로 유명하였다. KBS맨으로 근무하면서 KBS 광주방송총국장, 춘천방송총국장, 업무국장, 시청자본부장을 역임했다. 그 이후 KBS시설문화사업단 사장과 ㈜한국스포츠TV 대표이사 사장을 지냈다. 후덕한 인상으로 평택 지역사회 발전을 위해 다분야에서 활동하셨고 고향 후배들을 많이 챙기신 것으로 알려졌다. 필자는 정계에 입문해서 고향 평택을 위해 봉사하실 줄 알았지만 출마한다는 설만 나돌아 진척되지 못해서 아쉬움이 크다. 지역사회에서 크게 활동하실 분이었는데.

KBS 탤런트 김관기가 둘째 아들이며, 김학연 전)평택시의원이 친동생이다.

## ▌윤주학(尹柱鶴, 1949~현재)

윤주학 장군은 파평윤씨로 오성면 죽리 소죽 194-3의 교육자 집안에서 1949년에 태어났다. 오성초등학교, 안중중학교와 한광고등학교 1회 졸업생이다. 국가와 민족을 지켜야 한다는 뜻한 바가 있어 육군사관학교를 28기로 지원해서 졸업했다. 청와대 근무와 경남대학교 학훈단장에 이어 장군으로 진급해서 증평의 육군66사단 사단장을 역임하고 예편했다. 2004년 6월 5일 평택시장 재선거에 더불어민주당 시장 후보에 출마해서 악조건하에서도 선전했으나 아쉽게도 낙선했다. 이후 국방과학연구소(ADD) 상임감사를 지냈다. 윤주학 장군의 저서는 역서로『디지털전쟁』이 있다. 필자와의 관계로는 고등학교 대선배로 아주 오랜 인연을 갖고 있으면서 사랑을 많이 받았다. 특히 군부대 문화를 쉽게 이해 시켜준 선배로 항상 고마움과 감사의 마음을 갖고 있다. 특히 윤주학 장군이야말로 올곧은 자세로 대한민국의 참군인이라고 생각한다.

# 3. 평택의 출향 인사로 평택 밖에서 왕성하게 활동한 인물

## ▌원심창(元心昌, 1906~1973)

원심창 선생은 원주원씨로 팽성읍 안정리 175번지에서 태어났다. 1924년 일본 도쿄로 건너가 독립운동에 투신한 독립운동가이자 통일운동가이다. 1946년 박열, 이강훈 등과 함께 재일본조선거류민단(현,재일본대한민국민단)을 창립하고 초대 사무총장에 취임하였고 제11대, 12대 재일민단 중앙본부 단장으로 선출됐다. 1955년 남북통일촉진협의회를 결성하고 1959년에는 재일동포 민족지 통일일보(統一日報)를 창간하고 1965년에는 재일동포 통일운동 조직인 '한민자통', '한민자청' 결성을 주도했다. 1971년 65세로 별세하였고 사후 각계 유지들로부터 재일동포 역사상 최초로 '의사'로 추존받았고 1977년 정부로부터 '건국훈장 독립장(당시 국민장)'을 추서 받았다.

## ▌정시봉(鄭始鳳, 1916~1996)

정시봉 의원은 본적(本籍)이 평택읍 세교리(세교동) 192번지에서 1916년에 태어났다. 출향 인사로 고려대경영대학원졸업, 고대교우회 상임이사를 지냈다. 정계 입문은 5공이후 제12대 국회의원선

거에서 한국국민당 전국구 1번 당선돼 진출하게 됐다. 한·스리랑카의원친
선협회이사, 대한적십자사조직위원, 범민족올림픽추진중앙협의회위원, 국
회예산결산특위위원, 한·일의원연맹간사, 국회법보사위간사를 역임했다.
제13대 국회의원선거에서는 신민주공화당의 전국구 2번으로 당선됨에 따
라 연속 국회에 진출했다. 한 카메룬의원친선협회 부회장, 신민주공화당
당무위원을 역임했다. 평택 출신 모임 평우회에서는 고문으로 활동했다.


## ▌이병직(李秉稷, 1920~1995)

이병직 의원은 함평이씨로 포승읍 석정리
989번지에서 출생하였으며 내기초등학교를 졸
업했다. 의사 출신 정치인이다. 서울중앙고등학
교와 연세대학교 의학과를 졸업했으며 1969년
연세대학교에서 의학박사 학위를 취득했다.
1951년 수원인제외과의원장을 시작으로 1961
년 경기도립 수원병원장을 역임했다. 1969년 수원간호교 교장과 수원
간호전문학교장을 거쳐 수원간호전문대학장을 했다. 이후 학교법인 수
원인제학원을 설립했고 1982년 수원간호전문대학을 인수해 후학양성
에 큰 공헌을 했다. 이 대학이 점차 발전해 현재 수원여자대학교 모체
가 됐다. 대한적십자 경기지부장과 한양대 의과대 임상교수로 활동했
다. 1981년 민주정의당으로 정치에 입문 제11대 및 제12대 국회의원
선거구(수원/화성)에서 재선을 역임했다. 당에서는 중앙위원회 부의장

으로 활동했다. 상훈으로 국민포상(대통령)을 수상했다.

## ▌차규헌(車圭憲, 1929~2011)

차규헌 장관은 연안차씨(延安車氏)로 장안 동에서 출생했다. 경기고등상업학교를 졸업하 고 육군사관학교 8기생으로 졸업했다. 1950년 6.25 전쟁 시 중대장, 대대장으로 가칠봉(加七 峰)·풍암리(豊岩里) 전투에 참전해서 전공을 세 웠으며 1차 중공군 춘계 공세 때에도 지휘관으  로 용맹을 떨쳤다. 이후 1967년 공수특전여단장, 1968년 보병7사단장, 1975년 수경사령관, 1979년 수도군단장으로 재임 중 12·12사태에 가 담하였다. 1980년 5공 신군부 시절 육군사관학교장과 육군참모차장을 역임했고 1981년 7월 11일 육군 대장으로 진급해 제2군사령관을 지냈 다. 1983년 1월 31일 육군 대장으로 예편 후 3월 국가비상위원회 위원 장(장관급)과 1986년 제31대 교통부장관을 지냈다.

노태우 정부의 제5공화국 비리 청산 과정에서 교통부장관의 일로, 김 영삼 정부 때는 1979년 12·12사태 신군부에 참여, 군사 반란 및 내란 에 가담한 혐의로 기소돼 1997년 4월 17일 대법원에서 징역 3년 6월형 이 확정됐으나 그해 12월 특별사면돼 석방됐다. 평택 출신으로는 최초 육군 대장으로 전역하였으며 전공에 대한 상훈은 1970년 을지무공훈장,

1969년 화랑무공훈장, 미국동성훈장, 1970년 월남국가 훈장을 받았다. 저서로『전투』라는 책을 펴냈고 묘는 장안동 산 502번지 선산에 있다.


## ▌문병하(文炳夏, 1932~2024)

문병하 의원은 원적(原籍)이 오성면 신리에서 1932년에 태어났다. 출향 인사로 경기중학교 졸업, 서울대학교 법과대학졸, 상공부 중공업국장, 세계불교도회 한국본부 이사, 세종산악회 이사, 대양상선(주) 대표이사, 한국국민당 정책위부의장, 국회건설위 간사, 한일의원연맹 이사, 을 역임했다. 정계 입문은 5공 이후 제12대 국회의원선거에서 한국국민당 전국구 3번 당선돼 진출하게 됐다. 12대 국회 임기 중 국민당을 탈당하여 무소속으로 임기를 마쳤다. 이후 정계를 은퇴해 기업인으로 돌아갔고 CARP 대표이사와 CBOL 고문을 지냈다. 평택 출신 모임 평우회에서는 고문으로 활동했다.


## ▌김태경(金泰卿, 1933~2010)

김태경 도지사는 강릉김씨 합정동 103번지에서 태어났다. 서울대 사범대부속고등학교를 졸업하고 서울대학교 법과대학을 졸업했다. 동년 제7회 고등고시 행정·사법과 양과에 합격했다. 합격 후 내무부 지방국을 시작으로 1960년 내

무부 기획관리실 서기관, 1963년 충남 내무국장, 1966년 내무부 재정과
장, 1969년 대통령비서실 정무비서관을 지냈다. 1971년 제13대 경기도
지사로 발탁됐다. 퇴임 후 동부고속(주) 사장, 삼성전자(주) 부사장, 1981
년 농어촌개발공사장, 광주개발사장, 중부컨트리클럽 사장 등을 두루 역
임했다. 1988년 변호사 사무소를 개업해서 활동하면서 1990년 세종대
학교 이사, 1998년 경기도민회장, 제2의 건국범국민운동 경기도위원장,
목우회장, 지방행정동우회중앙회장, 등 왕성한 활동을 했다. 상훈으로는
대통령공로표창이 있다. 평택 출신 모임인 평우회 고문을 냈다.


## ▎ 이계익(李啓謚, 1937~2016)

이계익 장관은 함평이씨로 평우회 수첩에는 원
적(原籍)이 포승면 석정리 1086번지로 돼 있다.
그러나 SNS 자료에 의하면 진위에서 태어나 진
위초등학교를 나와 서울 양정중·고등학교와 서
울대학교 문리과대학 철학과를 졸업했다. 이후
인천고등학교 독일어 교사로 사회에 첫 발을 디
뎠고 동아일보에서 기자 생활을 하다가 '동아투위' 사건으로 해직당한
후 럭키금성그룹 이사를 지냈다. 1981년에 KBS(한국방송공사) 해설주
간으로 4년간 근무하면서 경제 상황을 명쾌하게 해설해서 국민들에게
인기가 많았다. 1986년부터 약 3년간 한국관광의 총본산 제11대 한국
관광공사 사장과 김영삼 문민정부 출범하면서 제37대 교통부장관을

지냈다. 1999년 문화일보 부사장, 2000년 디지털타임스 창간 사장, 프라임프로덕션 회장, 호서대학교 객원교수로 활동한 바 있다.


## ▌ 권혁부(權赫扶, 1948~현재)

권혁부 위원장은 안동권씨로 1946년 팽성에서 출생했으며 계성초등학교, 평택중학교를 졸업했다 고등학교는 조성진 및 장기만 위원장과 함께 평택고등학교 11회 동기동창이다. 고려대학교에서는 신문방송학을 전공했다. 1980년대 KBS에 입사하여 사회부장, 보도국장, KBS 대구 방송총국장, KBS 해설위원을 두루 역임했다. 2007년에는 KBS 이사에 임명되었고 2009년 KBS 사장 후보로 등록했으나 낙선했다. 2011년 방송통신심의위원회 부위원장에 임명되었고 2012년과 2014년 KBS 사장에 도전했으나 이루어지지 않았다.


대외 활동으로 감사원 부정방지위원회 위원과 한국근우회 자문위원장을 역임했다. 이후 2023년 제21기 민주평화통일자문회의 상임위원에 임명됐다. 정당 활동은 국민의 힘 경기도당에서 언론미디어총괄부장을 지냈다. 2024년 제22대 국회의원선거 국민의힘 평택시을 예비후보로 등록했으나 아쉽게도 컷오프되었다. 경선 컷오프를 보면서 경력은 아주 화려하나 젊은 나이에 고향의 발전을 위해 출마를 결심했다면

좀 일찍 평택에 내려와서 활동했다면 좋은 결과를 나왔을 것이다. 권혁부 위원장의 출마는 지역의 장년 및 노년층들에게 도전 정신을 심어주고 의욕을 불러세우는 역할을 했다고 생각한다. 호는 우상(牛想)이다.

## ▌이계안(李啓安, 1952~현재)

이계안 의원은 함평이씨로 1952년 포승읍 내기리 35에서 태어났다. 포승 내기초등학교와 안중중학교 및 서울 경복고등학교를 졸업했다. 1975년 서울대학교 상과대학 경영학과에 71학번으로 입학했다. 서울대학교 졸업 후 이듬해인 1976년 현대중공업에 신입사원으로 입사하였고, 1988년 입사 동기들보다 일찍 부장대우로 승진하였다. 현대그룹의 여러 직책을 거쳐 1993년 현대석유화학 이사에 올랐고, 1998년 12월 만 46세의 나이로 현대자동차 기획조정실 사장이 되었다. 1999년 4월부터 2001년 7월까지 현대자동차 대표이사 사장, 울산대학교재단이사, 2001년 10월부터 2004년 2월까지 현대카드 및 현대캐피탈 대표이사 등의 직위를 역임하였다. 제17대 국회의원선거를 앞두고 이와 같은 경영자로서의 명성을 떨쳐 각 정당의 영입 제의가 있었는데, 열린우리당의 영입 제의를 수락해 2004년 2월 열린우리당에 입당했다. 그 뒤 총선에서 열린우리당 후보로 서울특별시 동작구 을 선거구에 출마하여 현역 국회의원인 새천년민주당 후보를 꺾고 당선되었다. 이후 2006년 제4회 전국

동시지방선거에서 서울특별시장 출마 당내 경선에서 패하면서 2007년 열린우리당을 탈당한 뒤, 대선에서는 창조한국당 문국현 후보를 지지하였다. 2008년 제18대 국회의원선거에서 통합민주당 공천을 앞두고 불출마를 선언하면서 2009년 2.1 연구소 이사장을 잠시 지냈다.

2013년 민주당을 탈당하여 안철수의 새정치연합에 합류하였고 2014년 다시 새정치민주연합 소속이 되었다. 2016년 제20대 국회의원선거에서 국민의당 후보로 고향의 발전을 위해 평택시 을 선거구에 출마하였으나 현역 국회의원인 새누리당 유의동 후보에 밀려 낙선하였다. 이계안 의원이 진보적인 색채를 띤 것은 부친의 영향이 큰 것으로 사료된다. 이계안 의원 부친은 아들이 서울대학교 시절부터 김대중·정일형·윤길중 당시 신민당 국회의원과 구상 시인등 민주화 계열 인사들을 만나러 다니기도 했다. 2023년 1월부터 평택대학교의 운영재단인 학교법인 피어선기념학원의 이사장으로 부임해서 평택에서 열심히 활동하고 있다.


## 유일호(柳一鎬, 1955~현재)

유일호 장관은 전주류씨로 1955년 3월 30일 서울에서 태어났다. 경복초등학교와 경기고등학교, 서울대 경제학과를 졸업하고 펜실베니아 대학원에서 경제학 박사학위를 받았다. 이후 미국 클리블랜드 주립대 초빙교수, KDI(한국개발

연구원) 연구위원, 한국조세연구원장, KDI 국제정책대학원 교수 등을 지냈다. 새누리당에서 정책통으로 인정받으며 당 대변인과 정책위원회 수석부의장 등 주요 당직을 거쳤다. 18대 총선에서 아버지 지역구인 경기도 평택에 공천을 신청했으나 조세 전문가 입성을 원한 한나라당이 송파을에 전략 공천해 18대 국회의원으로 여의도에 입성했다. 국회에 입성한 이후 새누리당 원내부대표, 대변인, 정책위원회 의장 등을 거쳤다. 경제 분야 중에서 조세와 재정 분야 전문가로 평가받고 있다.

박근혜 대통령이 당선인 시절 비서실장에 기용하기도 했다. 2015년 3월16일 국토교통부 장관으로 임명됐고 2016년 1월13일 경제부총리 겸 기획재정부 장관으로 취임했다. 상훈으로 2013년 NGO 모니터단 선정 국정감사 우수 국회의원으로 선정됐고 법률소비자연맹 대한민국 헌정대상을 받았다. 저서로 2012년『강한 복지를 꿈꾼다』, 2011년『국회의원 유일호의 경제 이야기 정치 이야기』, 2002년『재정건전성 제약하의 SOC 투자』등이 있다. 유일호는 평택이 낳은 정치 거물 유치송 전 민주한국당(民主韓國黨) 총재(總裁)의 외아들로 부친의 지역구인 평택의 발전을 위해 큰 포부를 펴야 했는데 그러지 못한 것이 많은 아쉬움이 남는다. 비전동에는 유일호 전장관의 조부 때부터 이어 내려온 생가터가 현재까지도 있는데 그 자리에 유치송 전총재의 호를 따서 '만취기념관'이라도 설립됐으면 하는 마음이 간절하다. 현재 평택시민회 고문으로 있다.

# 평택의 무장과 독립운동가 및 장군 그리고 스타

# 제1장

# 고려시대(高麗時代) 및 조선시대(朝鮮時代) 장군(將軍)

## 1. 개요

조선시대부터 평택에서 태어나 국가와 민족을 위해 헌신한 각계의 평택 출신 인물 중에서 2023년 기준으로 사망한 역사적인 인물을 소개한다. 이시애 난을 진압한 최유림 장군, 임진왜란 용장으로 알려진 원균 장군, 충렬공 이대원 제독, 삼학사로 알려진 홍익한 선생, 조선 후기 영조 때 우리나라 최고의 위민정신을 실천한 암행어사로 알려진 박문수 선생, 일본 식민지 시대 때 국제적 민족주의를 형성하자는 '민세주의'(民世主義)를 제창한 안재홍 선생, 열도의 독립운동가이며 통일운동가인 의사 원심창 등을 들 수 있다.

# 2. 인물

## 1) 고려시대(高麗時代) 장군(將軍)들

### ▌김윤후(金允候, 생몰년 미상) 승장

김윤후 승장은 고려 때 몽고(蒙古)의 1차 침입 때 평택에서 가까운 용인 처인성(處仁城)전투를 승리로 이끈 승장(僧將)이다. 평택 북부 지역에 소재하는 백현원(栢峴院, 현 지산동 부락산 동편의 힌치고개)에 있던 절의 승려(僧侶)로 고종 19년(1232년) 용인의 처인성에 들어가 싸움에 나섰다. 같은 해 12월 6일 몽골의 장수인 살리타이(撒禮塔)를 활로 쏘아 죽였다. 이로 인해 몽고군은 더 이상 남하하지 못하고 철군하고 말았다. 그 공으로 상장군(上將軍)에 임명됐으나 사양해 섭랑장(攝郞將)에 임명되고 처인부곡은 처인현으로 승격했다.

이후 무반(武班)으로 입신해 고종 40년(1253년) 충주산성 방호별감(防護別監)이 됐다. 몽고의 5차 침략군은 몽고의 예쿠(也窟) 지휘 하에 충주산성을 포위했으며 치열한 공방전을 벌였다. 이때 병사들 독려하기를 "만일 힘을 다하면 귀천 없이 모두 관작을 제수할 것이다"라 하고 관청의 문서를 불사르고 노획한 소와 말을 나누어주니, 모두 죽음을 무릅쓰고 나가 싸워 적을 물리쳤다. 그 공으로 감문위

(監門衛) 상장군(上將軍)이 되고, 그밖에 군공을 세운 자들도 관노나 백성 할 것 없이 모두 관작이 제수됐다. 1258년에 동북면병마사(東北面兵馬使)가 됐으나 그때 동북면은 이미 몽고군의 수중에 있어서 부임하지 못했다. 원종 3년(1262년)에 추밀원부사(樞密院副使)·예부상서(禮部尙書)가 됐으며 수사공(守司空)·우복야(右僕射)로 벼슬을 사양하고 물러났다.

## ▌이장대(李將大, 생몰년 미상)

이장대는 고려 고종 때 진위현(평택) 출신으로 '이장대의 난'을 일으켰다. 거란이 침입해 국내가 소란한 틈을 타 고종 5년(1218년) 영동정(令同正)으로 직장동정 이당필, 별장동정 김례 등과 함께 진위현 관청을 급습해 백성들에게 곡식을 나눠주는 난을 일으켰다. 진위현령의 부인(符印)을 빼앗고 창고를 열어 촌락의 굶주린 백성들에게 나눠주고 스스로 정국병마사(正國兵馬使)로 칭하고 군대를 의병이라고 해 군(郡)에 통지한 다음 종덕창과 하양청의 곡식을 백성들에게 마음대로 나눠주었다. 이어 광주로 향하려 했는데 낭장 권득재, 산원 김광계, 안찰사 최박 등이 거느린 군사들로부터 공격을 받아 상주로 달아났으나 안찰사에게 붙잡혀 압송됐다가 주살(誅殺)됐다.

## 2) 조선시대(朝鮮時代) 장군(將軍)들

### ▌이연손(李延孫, 1404~1464)

이연손 장군은 경주이씨로 어릴 적부터 무공이 뛰어나 교하현감(交河縣監)의 자리에 올랐다. 이후 한성소윤(漢城小尹)을 거쳐 전라감사(全羅監司), 한성부윤(漢城府尹), 공조참판(工曹參判)을 역임했다. 나라에서 영의정(領議政)에 추서(追敍)했고 묘는 진위면 동천리 선영에 있다.

### ▌최유림(崔有臨, 1426~1471)

본관은 수성. 독곡동에서 태어났다. 세종 32년(1450년) 무과에 급제하고, 고성 현령, 의금부진무(義禁府鎭撫) 등을 역임했다. 1455년 세조의 즉위에 공이 있어 좌익원종공신(左翼原從功臣)에 녹훈(錄勳)되었으며 세조 10년(1464년) 중추원부사(中樞院副使)로 진하사(進賀使)되어 명나라에 다녀왔다. 세조 13년(1467년) 이시애(李施愛) 난이 일어나자 충청도 병사 천여 명을 이끌고 석장현(石場峴) 싸움에서 적장 김말손(金末孫)을 사로잡았다. 이 공으로 정충적개공신(精忠敵愾功臣)에 녹훈되고 가선대부(嘉善大夫) 수성군(隋城君)에 봉해졌으며 동시에 오위장(五衛將)에 임명됐다. 같은 해 명나라의 북방을 침범한 이민주의 군대를 막기 위해 조선지원군이 출병했을 때 큰 공을 세웠다. 이로 인해 세조 즉위년(1468년) 경상우도 병마절도사(慶尙

右道兵馬節度使)에 임명됐다. 독곡동에 묘와 사당이 있다.


## 원준량(元俊良, 생몰년 미상)

원준량 장군은 원주원씨 평택 도일동 입향조 원몽(元夢)의 증손이다. 세종 15년(1443년) 문과에 급제하고 호조참판(戶曹參判)겸오위도총관(五衛都摠管)을 지낸 원임(원임)의 둘째 아들이다. 중종 7년(1512년) 일찍이 무과에 급제한 후 예조의 관상감(觀象監) 봉사, 춘추관(春秋館) 기사관(記事官), 세자시 사시, 홍문관(弘文館) 교리 등을 거쳤다. 1557년 경상좌도 수사水軍節度使, 1562년 전라좌도(全羅左道) 수군절도사, 1563년 경상좌도(慶尙左道) 兵馬節度使, 선조 10년(1577년)에 경상우도(慶尙右道) 병마절도사로 부임했으나 나이가 많아 관직을 퇴하고 고향인 도일동으로 낙향했다. 인생 말년은 그의 큰아들 원균 장군이 선조 때 무관으로 선무일등공신(宣武一等功臣)이 되자 원준량은 증직(贈職)으로 평원부원군(平原府院君)에 봉해지고 숭록대부(崇祿大夫) 의정부영의정(議政府領議政)으로 추서됐다. 원준량 장군은 6명의 아들을 두었다. 장남 원균 장군, 차남 원연 장군, 셋째 원전 장군, 넷째 원지 장군 등이다. 묘는 도일동에 있다.


## 최희효(崔希孝, 1509~1589)

최희효 장군은 수성최씨(隋城崔氏)로 중종 26년(1531년) 무과에 급제 정주판관(定州判官)이 됐다. 1540년 광주판관(廣州判官), 1543년 선천판관(宣川判官), 1545년 예빈시 부정(禮賓寺 副正)을 지내고 1546년 창성부사(昌城府使), 1549년 부령부사(富寧府使) 등을 역임했다. 1553년 이후 수군(水軍)으로 나가 만포진첨사(滿浦鎮僉使), 경상좌수사(慶尙左水使),1565년 전라좌수사(全羅左水使)로 부임하고 임기 중 왜선 3척 왜인 200명을 생포한 공(功)으로 치하를 받았고 1559년 전라도 병마절도사(全羅道 兵馬節度使)가 됐다. 1565년 경상좌도 병마절도사(慶尙左道 兵馬節度使)에 제수됐다. 1566년 가선대부(嘉善大夫) 회령부사(會寧府使)가 됐고, 1573년 해주목사(海州牧使)를 역임했다. 그 후 낙향해 진위현 오좌동(독곡동)에서 별세하니 선조 왕명으로 묘후산봉(墓後山峰)을 왕재라고 전해오고 있다. 묘는 독곡동(오좌마을) 산 44번지에 있다.


## ▌박계옥(朴啓沃, 1511~1572)과 박진성(朴盡性, 생몰년 미상)

박계옥과 박진성은 부자지간으로 고령박씨이다. 박계옥의 자는 중설(仲說)로 명종 때 무관으로 중종 35년(1540년)부터 광해군 10년(1618년)에 부사직을 거쳐 동지의검 부사와 오위도총부(五衛都廳府) 도총관(副摠管)을 역임했다. 묘는 청북읍 옥길리(새능)에 있다. 아들 박진성의 자는 자순(子順)으로 선조 때 황산찰방(黃山察訪)을 임명받았으나 임지를 사양했고 그 후 왕이 그의 효심에 감탄하고 재차 임명해 임지에 부임했다가 중앙으로 전직하게 하자 관직을 사임하고 낙향해 일생을 마쳤다. 묘는 청북읍 옥길리(능절)에 있다.

## 소흡(蘇潝, 1516~1588)

소흡 장군은 진주소씨로 현재 송탄동 도일리에서 출생했다. 자는 혼원(混源)으로 명종 19년(1564년) 삭주부사(朔州府使)로 임용되고 뒤이어 평안도 병마우후(兵馬虞候)로 있으면서 호족 침입을 격퇴했다. 국경을 수비한 공을 인정받아 1566년 전라좌도 수군절도사(水軍節度使)로 기용되고, 선조 2년(1569년)에는 경상도 병마절도사(兵馬節度使)를 역임한 뒤 함경북도 병마절도사, 평안도 병마절도사, 함경남도 병마절도사 등을 역임했다. 묘는 지산동 와우산 선영에 있다. 소흡 장군은 오늘날로 보면 진정한 참군인으로 사료된다.

## 원균(元均, 1540~1597)

원균 장군은 원주(原州)원씨로 송탄동 도일리에서 태어났다. 선조 즉위년(1567년) 식년시 무과에 을과 2위로 급제한 뒤 조산만호(造山萬戸)를 거쳐 부령부사(富寧府使), 경상우수사, 삼도수군통제사, 전라좌병사 등을 역임했다. 1597년 정유재란 때 왜적이 조선을 정복하기 위해서는 먼저 수군을 이겨야 한다는 각오 아래 만반의 준비를 갖추고 대기 중인 것도 모르고, 삼도 수군을 이끌고 부산의 적을 공격하던 중 칠천량해전(漆川梁海戰)에서 대패해 전라우수사 이억기(李億祺), 충청수사 최호(崔湖) 등과 함께 사망했다. 1604년 이순신, 권율(權慄)과 함께 선무공신(宣武功臣) 1등으로 책록되어, 좌찬성 겸 판의금부사에 추증되고 원릉군(原陵君)에 추봉되었다. 1605년 왕이 내린 치제문과 숙종 때의 대사헌 김간(金榦)이 찬한 『통제사원균증좌찬성공행장(統制使元均贈左贊成公行狀)』이 있다. 원균은 비겁한 장수의 대명사로 기록되어 있다. 이에 최근 지역사회단체 원균장군문화벨트 시민연대와 원균 학당이 원균 장군을 재조명하는 데 노력하고 있다.


## ▌원연(元埏, 1543~1597)

원연(元埏) 장군은 원주원씨로 원준량의 둘째 아들로 태어나 백부 원수량에게 양자로 입적됐다. 즉 지중추부사 삼도수군통제사 원균 장군의 동생이다. 선조 즉위년(1567년) 사마시(司馬試)에 합격했으나 벼슬에 나가지 않고 청년들을 모으고 병기를 만들어 의병을 조직했다. 왜적이 용인의 김량장리에 들어와 머문다는 소식에 의병을 거느리고 적진에 쳐들어가 대패시켰다. 원연의 교유관계로 볼 때 한훤당 김굉필 김안국·김정국 형제, 율곡 이이와 조헌으로 이어지는 기호학파 계열의 학문적 영향을 받았던 것으로 판단된다. 또 진위현의 명가였던 진주소씨의 참판공파의 파조 소수연의 딸과 결혼했다. 선조 25년(1592년) 임진왜란(壬辰倭亂) 당시 의병(義兵)을 일으켜 왜적과 싸워 공을 세웠다. 그 뒤 선조 30년(1597년) 정유재란(丁酉再亂) 때에는 적성 현감을 제수받았으며 그해 조선을 재침한 왜적과 싸우다 전사하였다. 자는 광보(廣甫)이며 호는 충절(忠節)이다. 전란 때의 충절을 높이 사서 도일동 안골에충절정려(忠節旌閭)를 했다. 도일동 원주원씨의 임란(壬亂) 13공신(功臣) 중에 선무원종공신(宣武原從功臣) 3등(等)에 책록돼 있다.

## 한온(韓蘊, ?~1555)

한온 장군은 청주한씨로 서탄면 금암리에서 태어났다. 20세에 과거에 급제해 38세에 장흥부사(長興府使)에 부임해 진휼(賑恤)에 힘써 백성들로부터 신망을 받았다. 명종 10년(1555년) 을묘왜변(乙卯倭變) 때 달량포에 왜선 70여 척이 쳐들어오자 장흥부사로 절도사 원적, 영암군수 이덕견과 더불어 맞서 싸우다 전사했다. 숙종 9년(1683년) 장흥읍인이 건립한 충렬사(忠烈祠)에 봉사(奉祀)됐으며 병조판서(兵曹判書)에 증직(贈職)됐다. 그 뒤 숙종 22년(1696년) 충의(忠毅)라는 시호를 내렸다. 서탄면 금암리에 충신정문(忠臣旌門)이 세워졌고 평택시 향토유적 제3호로 지정돼 있다.

## 원전(元㙉, 1545~1597)과 원지(元墀, 1548~1620)

원주원씨 원준량의 넷째와 다섯째의 아들이다. 즉 원균 장군의 셋째

동생이 원전이며 넷째 동생이 원지이다. 원전은 임진왜란 초기 원균 장군 휘하에서 전쟁의 상황과 결과를 기록하고 조정에 보고하는 종6품 주부(主簿)로 활약했다. 1597년 원균 장군이 삼도수군통제사(三道水軍統制使)에 올라 종사관(從事官)으로 활약했다. 같은 해 7월 칠천량 해전에서 전사하였다. 통정대부 선전관에 추증됐으며 묘는 이충동 직촌에 있다. 선무원종공신(宣武原從功臣) 1등에 녹훈되었다. 원지는 무과에 급제 후 초기 관직은 초기 관직은 평안도 지역의 군관(軍官)으로 시작했다. 임진왜란 중에는 이몽학의 난을 진압하여 주목을 받았다. 선조 34년(1601년)에는 이몽학의 난을 진압한 공로로 청난공신(淸難功臣) 3등에 녹훈됐다. 임진왜란이 끝난 뒤에는 선무원종공신(宣武原從功臣) 2등에 녹훈되었고 선조 39년(1606년)에는 삭주부사(朔州府使)에 임명되었다. 원지 선생이 평안도 삭주부사로 재임했을 때 선정을 베풀었기에 삭주 군민이 애민·선정을 기리는 선정공덕비를 세웠다.

## 정담수(鄭聃壽, 1550~1604)

정담수 장군은 해주정씨로 팽성읍 근내리에서 태어났다. 선조 16년(1583년) 무과에 급제해 훈련원판관(訓鍊院判官)에 이어 전라도 어란만호(全羅道於蘭萬戶)가 됐다. 임진왜란 당시 충무공 이순신(李舜臣) 장군의 좌선봉응양장(左先鋒鷹揚將)돼 왜적을 물리치는 데 앞장섰다. 첨지중추부사(僉知中樞府事) 겸(兼) 훈련원첨정(訓鍊院僉正)을 지냈다. 난이 끝난 후 고향인 평택으로 낙향했다. 시호는 충정

(忠靖)이고 자는 덕수(德叟), 호는 운대(雲臺) 이다. 묘는 팽성읍 근내리 오마산에 있다.

## ▌ 이대원(李大源, 1553~1587)

이대원 장군은 함평(咸平)이씨로 포승읍 내기리에서 1553년에 태어났다. 충렬공 이대원 장군은 불과 18세 때 선조 16년(1583년)에 무과에 급제해 선전관과 녹도만호(鹿島萬戶)를 지냈다. 1587년 남해안에 왜구가 출몰하자 토벌하는 데 큰 공을 세웠고 왜구가 홍양에 침입하다 군사 100여 명을 이끌고 여수 손죽도에서 왜구와 싸우다 전사하였다. 이대원 장군의 유적으로 포승읍 희곡리 산 83-6 확충사 내에 묘와 신도비(경기도 기념물 제56호)와 여수 손죽도 충렬사에 이대원 장군 동상 및 여수에는 장군 영정이 모셔져 있는 영당과 전남 고흥읍 도양읍 봉암리 2202의 고흥 쌍충사(전남 기념물 제128호)에는 영정과 위패가 모셔져 있다.

## ▌ 방덕룡(方德龍, 1561~1598)

방덕룡 장군은 온양방씨로 팽성현 북촌(원정리) 출신이다. 병마절도사를 지낸 호의(好義) 손자 로 원복의 어머니는 안악이씨다. 선조 21년

(1588년)에 무과에 급제했다. 1592년 임진왜란이 일어나자 100여 명의 의병을 모아 원균(元均) 장군 휘하에 들어가서 크게 활약했다. 1597년 정유재란 시 낙안군수로 있으면서 부사 이영남, 만호 안여종과 함께 절이도에서 복병했다가 적을 협공해 크게 이겼다. 원균·이순신·진린 장군이 이끄는 부대의 선봉장으로 활약했으며 1598년 통제사 이순신 장군의 선봉장이 돼 노량해전(露梁海戰)에서 분전하다가 38세를 일기로 전사했다. 나라에서는 그 공을 기리어 형조참의(刑曹參議)에 추증하고 宣武原從功臣 2등(等)에 녹훈했다. 방덕룡 장군을 위시한 혼을 기리는 충효정문 충효각(忠孝閣)이 팽성읍 원정리에 세워져 있다.

## 원사웅(元士雄, 1575~1597)

원사웅은 원균 장군의 독자(獨子)로 입향조 원몽의 5대손이다. 18세에 임진왜란이 일어나자 어린 나이로 아버지 원균 장군 따라 종군했다. 원균 장군이 칠천량해전에서 패전할 당시에 부자(父子)가 함께 전사(戰死)했다. 임진란이 끝난 뒤 선무원종공신(宣武原從功臣) 2等에 추서했다. 훈련원정(訓鍊院正)으로 증직했으며 원릉군(原陵君)에 추봉했다. 묘는 진위면 마산리에 있다.

## 이원영(李元榮, 1579~1653)

이원영은 전주이씨로 태종의 둘째 아들인 효령대군(孝寧大君)의 5

대손으로 완흥군(完興君)이다. 관직에 나가 능양군 종(倧)을 왕으로 추대하는데 공을 세워 분충찬모(奮忠贊謨) 정사공신(靖社功臣)이 됐다. 1617년 어모장군(禦侮將軍) 行 용양위(龍驤衛) 부사과(副司果), 1623년 용양위(龍驤衛) 부호군(副護軍) 교통현감(交通縣監), 1624년 용양위(龍驤衛) 부사직(副司直) 겸 오위장(五衛將), 1625년 첨지중추부사(僉知中樞府事) 겸 오위장(五衛將), 1630년 장흥도호부사(長興都護府使), 1635년 풍천부사(豊川府使)를 역임했고 봉림대군(鳳林大君) 호위군관(扈衛軍官), 1648년 五衛分都摠府 부총관(副摠管)을 역임했다. 묘는 현덕면 덕목리에 있다.

## ▌이성부(李聖符, 1583~1624)

이성부 장군은 전주이씨로 6세 때에 외가인 원주원씨 세거지인 일동으로 이주해 평택 사람이 됐다. 이성부는 부친이 원주원씨 원연(元延)의 딸과 결혼해서 태어난 사람이다. 그렇지만 부친이 일찍 사망했기 때문에 본가에서 자랐다. 어릴 적부터 강직하고 의협심이 높았으며 재주가 남달리 뛰어났다. 광해군 즉위년(1608년) 무과에 급제해 선전관(宣傳官)이 되고, 이어서 비국랑(備局郎)으로 정승 이덕형·이항복의 공첩(公牒)을 맡아 처리했다. 도총도호부사(都摠都護府使) 승진해 문천군수로 나갔다. 북청의 성역이 있자 병사의 계청으로 중군이 돼 통영 우후로 승진했고 전선(戰船)을 수리한 공으로 가선계(嘉善階)에 올랐다. 1623년 인조반정 때 이괄과 함께 선봉장이 돼 공을 세웠고 강화부사로 나가 수군의 반발을 평정했다. 이 공로로 자헌(資憲)의 품계에 올라 훈련원도정(訓鍊院都正)이 됐다. 1624년 이괄의 난이 일어나자 우방어사로 좌방어사 이중오와 함께 황해도 평산을 목표로 진군해 1624년 2월 4일 신계의 석영에 진을 쳤으나 반군이 평양을 함락하고 순천을 거쳐 수안·황주를 지나 평산을 공략했다. 저탄에 진을 치고 반군과 대전했으나 패전하자 물에 투신 자결했다. 난이 평정된 뒤 병조판서(兵曹判書)에 추증(追贈)됐으며 충신정문(忠臣旌門)이 도일동에 세워졌다. 숙종 10년(1684년) 황해도 금천의 민충사에 제향됐다. 자는 존중(存中)이며 시호는 충장(忠壯)이다.


## 이해(李楷, 1584~1642)

이해 장군은 함평이씨로 함평이씨 시조 언(彦)의 16세손이며 진사 공파조 이성근(成根)의 6세손이다. 무과에 급제해 이괄(李适)의 난 때 공을 세워 진무원종공신(振武原從功臣) 1등(1等)에 책록됐고 장단부사를 지냈다. 묘는 포승읍 내기리(정문동)에 있다.


## 이상원(李象元, 1584~1645)

이상원 장군은 광주이씨로 광해군 4년(1612년) 무과(武科)에 등과했다. 무예에 뛰어나 시사(試射)에 세 차례나 수석을 해 시상을 받았다. 인조 2년(1624년) 이괄(李适)의 난 때 군관 신경진(申景績)의 종

사관으로 난 평정 시까지 참여했다. 1625년 오위장에 오르고 1632
년 삭주부사(朔州府使), 1644년 양주목사(楊州牧使) 등을 역임했다.
묘는 진위면 마산리 선영에 있다.


## 김충좌(金衷佐, 1586~1637)와 김대명(金大鳴, 1604~1637)

김충좌와 김대명은 부자지간(父子之間)으로 김녕김씨이다. 김충좌
(金衷佐)의 호는 군보(君甫)로 훈련원첨정(訓鍊院僉正)을 지냈다. 김
대명의 호는 성원(聲遠)이며 조선 후기 관인으로 성진포방어병마절제
사(成津浦防禦兵馬節制使)에 이르렀다. 인조 14년(1636년) 병자호란
으로 임금이 남한산성으로 몽진하자 어가(御駕)를 호위하다 부자가
안타깝게도 같은 날 순절했다. 순절한 뒤 애마가 갑옷을 물고 집까
지 와서 전사한 사실을 알렸다고 전해진다. 이에 김충좌는 통정대부
(通政大夫) 공조참의(工曹參議)에 추증됐다. 아들 김대명은 원종공
신(原從功臣)에 봉해졌으며 가선대부(嘉善大夫)에 추증됐다. 묘는 안
중읍 삼정리 산 35번지에 있다.


## 최창운(崔昌運, 1624~1692)

최창운 장군은 수성최씨(隋城崔氏)로 인조 21년(1643년) 무과(武
科)에 급제했다. 1660년 어모장군 행 용양위부사과(禦侮將軍 行 龍
驤衛副司果), 1664년 어모장군 무신겸선전관(禦侮將軍 武臣兼宣傳

官), 1668년 어모장군 행 노강진 수군첨절제사(禦侮將軍 行 老江鎭
水軍僉節制使) 1672년 어모장군 무신겸선전관(禦侮將軍 武臣兼宣
傳官), 어모장군 행 용양위부사용(禦侮將軍 行 龍驤衛副司勇), 어모
장군 행 훈련원첨정(禦侮將軍 行 訓鍊院僉正), 황주진관병마사첨절
제사(黃州鎭官兵馬司僉節制使), 통훈대부 행 수안군수(通訓大夫 行
遂安郡守)를 역임했다. 묘는 독곡동(오좌마을) 산44번지에 있다.


## ▌ 최형운(崔亨運, 1628~1682)

최형운 장군은 수성최씨(隋城崔氏)로 독곡동 오좌마을에서 출생
했으며 인종 27년(1649년) 무과(武科)에 급제했다. 1656년 무신겸선
전관(武臣兼宣傳官), 도총경력(都摠經歷), 경상우병우후(慶尙右兵虞
候), 파총(把摠), 통훈대부 행 보성군수(通訓大夫 行 寶城郡守), 경
흥부사(慶興府使), 갑산부사(甲山府使), 가리포첨사(加里浦僉使), 청
주영장(淸州營將) 등을 역임했다. 가선대부 호조참판 겸 오위도총부
부총관(嘉善大夫 戶曹參判 兼 五衛都摠府 副摠管)으로 증직(贈職)
됐다. 묘는 안성시 원곡면 산대리 산 150-1에 있다.


## ▌ 최정현(崔廷顯, 1611~?)

최정현 장군은 수성최씨(隋城崔氏)로 인조 11년(1633년) 무과에
급제했다. 1637년 병자호란(丙子胡亂) 시 선전관(宣傳官)으로 소현세

자의 익찬(翊贊)을 겸해 청나라 심양까지 수행 보호하고 있다가 환
국한 후 1648년 훈련원첨정(訓鍊院僉正), 1649년 겸 內乘을 거쳐 덕
천군수(德川郡守)를 역임했다. 1653년 덕원부사(德源府使), 1656년
나주영장(羅州營將), 1657년 오위장(五衛將) 장흥현감(長興縣監) 등
을 했고 1658년 명천부사(明川府使)를 한 후 1658년 호군(護軍)이
돼 죽산부사를 했다. 이듬해 전남 우병사(全南 右兵使), 전남 좌수사
(全南 左水使)를 역임했고 1662년 평해군수, 1671년 태안군수 등 여
러 관직을 거쳤다. 묘는 포승읍 무수리에 있다.


## 이은석(李殷錫, 1699~1766)

이은석 장군은 평창이씨(平昌李氏)로 무과(武科)에 급제해 1737
년 수문장(守門將)이 되었다. 1739년 무신겸선전관(武臣兼宣傳官),
1740년 벌등만호(伐登萬戶), 1746년 훈련주부(訓鍊主簿), 1747년 도
총도사(都摠都事), 첨정(僉正)을 거쳐 1748년 정평부사(定平府使)로
승차했다. 1750년 나주영장(羅州營將), 1751년 겸우림위장(兼羽林衛
將), 1756년 가덕첨사(加德僉使), 1757년 내금위장(內禁衛將), 단천
부사(端川府使)를 역임했다. 묘는 안중읍 학현리(율리)에 있다.


## 이태홍(李泰弘, 1670~1746)

이태홍 장군은 전주이씨로 효령대군(孝寧大君)의 7대손 정사공신

(靖社功臣) 완흥군 원영의 적손(嫡孫)이다. 1716년 선략장군(宣略將軍) 행(行) 충좌위(忠佐衛) 군부호를 제수받았고 1720년 어모장군(禦侮將軍) 충좌위부사용(忠佐衛副司勇) 부사과(副司果) 부사정(副司正) 등을 지냈다. 묘는 현덕면 덕목리에 있다.


## 이우석(李禹錫, 1683~1767)

이우석 장군은 평창이씨로 무과에 급제했다. 영조 4년(1728년)에 일어난 조선시대 최고의 난이라고 하는 이인좌의 난이 일어났다. 이 때 선전관(宣傳官)으로 도순무사(都巡撫使) 오명항(吳命恒)과 종사관인 평택 진위 출신 박문수(朴文秀)가 이끄는 진압군에 참여해서 적장 정세윤(鄭世胤)을 생포하는 등 큰 공을 세워 양무원종 일등공신(揚武原從 一等功臣)으로 책록(策錄)됐다. 1729년 遂安郡守(수안군수), 1738년 삼수부사(三水府使), 1743년 청주영장(淸州營將) 1748년 숙천부사(肅川府使), 1762년 혜산첨사(惠山僉使) 등을 역임했다. 묘는 안중읍 학현리(율리)에 있다.


## 이수문(李守文, 1781~1841)

이수문 장군은 함평이씨로 어려서부터 수재로 학문과 지혜가 탁월했고 강직한 성품이었다. 순조 4년(1804년)에 무과에 급제(及第)해 정원별제(정원別提)가 됐다. 1812년 다경포만호(多慶 浦萬戶),1825년

무신 겸 선전관 추파만호(秋波萬戶)를 역임했고 1833년 판관 및 훈
련원 첨정(訓鍊院 僉正)이 됐다. 1839년 만경현령(萬頃縣令)을 지냈
다. 묘는 포승읍 방림리에 있다.

## █ 이종원(李鍾元, 1823~1870)

이종원 장군은 평창이씨(平昌李氏)로 1845년(을사년) 무과(武科)
에 급제해 선전관(宣傳官) 및 훈련첨정(訓練僉正)을 거쳐 1864년 희
천군수, 1866년 전라병우후(全羅兵虞候)를 역임했다. 1867년 동진
첨사(東津僉使) 재직 시 동진에 홍수가 났을 때 동진진(東津鎭)의 관
청 건물과 성첩(城堞)을 5개월 만에 성공적으로 준공한 공(功)으로
방어사(防禦使)로 승차(陞差)했다. 1868년 파주목사(坡州牧使)를 역
임했다. 묘는 현덕면 화양리에 있다.

## 3. 문신이면서 무장의 역할을 제대로 한 특별한 인물

가재동 방혜마을의 경주이씨 오재공 이탕 아들 이정암 선생이나 암
행어사로 활동했던 박문수 선생은 외가인 진위 봉남3리 소론 경주이씨
상서공파 이세필 외손자로 태어난 전통 문신 집안이지만 나라의 부름
에 충실했던 두 분을 소개한다.

## 이정암(李廷馣, 1541~1600)

이정암 선생은 경주이씨로 1592년 임진왜란 때 이조참의(吏曹參議)로 선조(宣祖)가 평안도로 피난하자 뒤늦게 호종(護從)했으나 이미 체직(遞職) 돼 소임이 없었다. 친동생인 개성유수(開城留守) 이정형(李廷馨)과 함께 개성을 수비하려 했으나 임진강의 방어선이 무너져 실패하고 말았다. 그 뒤 황해도에 들어가 초토사(招討使)가 돼 의병을 모집해 연안성(延安城)을 지킬 것을 결심하고 준비 작업을 서두르던 중 도내에 주둔한 일본 왜장(倭將) 구로다(黑田)가 5,000~6,000명의 장졸을 이끌고 침입해, 주야 4일간에 걸친 치열한 싸움 끝에 승리해 황해도(黃海道) 관찰사(觀察使) 겸(兼) 순찰사(巡察使)가 됐다. 1593년 병조참판(兵曹參判) ·전주부윤(全州府尹) ·전라도 관찰사(全羅道 觀察使) 등을 역임하고 1596년 충청도 관찰사(忠淸道 觀察使)가 이몽학의 난을 평정하는 데 공을 세웠다.

그러나 죄수를 임의로 처벌했다는 누명을 쓰고 파직됐다가 다시 지중추부사(知中樞府事)가 되고 황해도 관찰사 겸 도순찰사가 됐다. 이듬해 1597년 정유재란(丁酉再亂)이 일어나자 해서지역 초토사(招討使)로 해주의 수양산성(首陽山城)을 지키기도 했다. 난이 끝나자 풍덕(豊德)에 은거해 시문으로 소일했다. 1604년 연안 수비의 공으로 선무공신 2등(宣武功臣2等)에 책록됐으며, 월천부원군에 추봉, 좌의정(左議政)에 추증됐다. 성혼 및 이제신 등과 교유했으며 연안 현충사에 제향됐

다. 저서로『상례초(喪禮抄)』『독역고(讀易攷)』,『왜변록(倭變錄)』,『서정
일록(西征日錄)』,『사류재집(四留齋集)』등이 있다.


## ▌박문수(朴文秀, 1691~1756)

박문수 선생은 고령박씨로 외가인 진위면 봉남3리(아곡마을)에서 태
어나 5살까지 자라다가 서울로 귀경했다. 박문수는 경종 3년(1723년)
증광문과에 병과로 급제하여 예문관 검열고로 발탁되고 그 뒤 세자시
강원설서,병조정랑이 되었으나 영조 즉위년(1724년) 노론이 집권하면서
삭탈되었다가 1727년 7월(丁未換局)에 소론이 집권할 때 사서로 등용
되고 그 길로 암행어사에 발탁되니 박문수가 훑고 지나간 곳(영남지방)
은 부정과 비리가 발본색원되고 산천초목이 떠는지라 이때 얻은 별칭
이 '암행어사 박문수'로 통하였다. 박문수 선생이 영조왕 시절 병조판서
2회와 황해도 수군절도사로도 활동했다. 영조 4년(1728년) 3월 소론의
이인좌(李麟佐) 등이 무신정변(戊申亂)을 일으켜 영조는 긴박하게 대
응하니 도순무사에 오명항(吳命恒, 1673~1728), 박문수와 조현명을
종사관으로 하여 안성까지 올라온 반란군을 3월 24일 완전 소탕하여
분무공신(奮武功臣) 2등에 책록되고, 영성군(靈城君)에 봉해졌다. 이인
좌의 난 진압이 박문수 인생의 전환점이 되는 계기가 됐다. 관료 시절
나라의 국방 관련 전문가로 알려졌다. 특히 묘비석에는 병조판서로 소
개하고 있다.

# 4. 임진왜란 때 구국 활동한 평택 출신 인물

임진왜란(1592~1598)은 일본 왜국이 우리 조선을 침략함으로써 약 7년간 일어난 전쟁이다. 최근 임진왜란을 공부하면서 평택 출신 중에 어느 분들이 국가를 위해 기여하였나 생각해보게 됐다. 임진왜란 당시 우리 평택이 배출한 충신은 아시다시피 도일동의 원균 장군은 이미 너무 많이 알려져 있다. 더불어 이대원 장군은 태어난 평택 못지않게 남도지방에서도 열심히 선양하고 있다. 그런데 이번에 가재 방혜동의 경주이씨 오재공 후손들의 맹활약과 팽성 원정리 온양방씨 방덕룡 장군에 대해 역사적인 인물을 발견했다. 의병장 등 여러 분야 충신도 있지만 출생한 순서대로 임진왜란 시기 네 분의 충신을 소개코자 한다.

우선, 가재동 방혜마을의 경주이씨(慶州李氏) 오재공 이탕 후손 세 분이다. 퇴재 이정함(1534~1599)은 장자로 전쟁에 직접 참여하기는 어려웠기에 자신은 군량미를 공급하며 양아들 이준을 전투에 참여토록 했다. 사류재 이정암(李廷馣, 1541~1600)은 친아들 이준과 함께 연안대첩에서 구로다 왜군의 5,000명을 상대로 대승을 거두는데 크게 기여했다. 그 공이 지대하였기에 1604년에 선무2등(宣武2等) 공신에 책록되었다. 지퇴당 이정형(1549~1607)은 개성유수와 경기관찰사, 4도도체찰찰부사(四道都體察副使)로 난국의 수습에 앞장섰고 특히 개성유수로 장단 등지에서 의병을 모집해 왜적을 물리쳤다. 방혜마을에는 오재공 이탕 선생의 사당과 장자 이정함과 손자 이준의 묘소가 있다.

원릉군 원균(元均, 1540~1597) 장군은 원주원씨(原州元氏)로 도일동 내리에서 태어나 임진왜란 칠천량 전투에서 전사했다. 임진왜란 이후에는 전라좌수군 및 우수군 절도사로 옥포, 당포해전 등에서 연승을 거두며 혁혁한 수훈을 세웠다. 1597년에는 이순신의 뒤를 이어 삼도수군통제사에 올랐다. 정유재란 때는 삼도 수군을 이끌고 부산진을 공격하던 중 칠천량에서 패하여 순국하였다. 왜란 이후 선무1등공신(宣武1等功臣)으로 이순신(李舜臣), 권율(權慄)과 함께 녹훈되어 의정부 좌찬성 겸 판의금부사로 추증되고 원릉군에 봉해졌다. 도일동 내리에는 원릉군기념관과 함께 보물 1133호 原陵君원균宣武功臣敎書와 경기도기념물 57호 원균장군묘가 있다.

충렬공 李大源(1553~1587) 장군은 함평이씨(咸平李氏)로 포승읍 내기리에서 태어났고 여수시 삼산리 손죽도에서 왜적과 싸우다 장렬히 순국했다. 임진왜란 당시 이순신 장군보다 앞서 전라도 해안 방어에 책임을 맡은 전라좌수사를 지낸 국가의 간성이 바로 이대원 장군이었다. 조선 수군의 손꼽히는 충신 이대원 장군을 모시는 곳은 확충사(포승읍 희곡리) 외에도 전라도 지역의 쌍충사(고흥군 도양읍), 충열사(여수시 삼산면 손죽리), 영당(여수시 어항단지로 222-32) 등 세 곳이다. 전라도 지역에 사당이 많은 곳은 이대원 장군이 현지의 주민들을 지켜주며 고락을 함께했던 거룩하고 안타까운 행적이 현장에서 전해져 내려오는 증거라고 본다. 한편 평택 포승 희곡리에는 경기도 기념물 56호 이대원 장군묘와 신도비가 있다.

낙안군수 방덕룡(方德龍, 1561~1598) 장군은 온양방씨로 팽성읍 원정리에서 태어났고 이순신 장군과 함께 노량해전에서 38세로 안타깝게 전사했다. 낙안군은 전라좌수군의 10개 관포 중의 한 곳이다. 방덕룡은 용력있는 인재로 임진왜란 초기에 원균 장군의 수하로 있었던 기록이 있으며 낙안군수로 이순신(李舜臣) 장군 휘하 핵심 지휘관 중 한 사람으로 주요 해전 승리의 주역이다. 방덕룡은 사천전투에서 결사항전함에 왜적 30여 명을 죽였을 뿐만 아니라 적의 수급 70급을 참획하였다. 또한 노량해전(露梁海戰)이 끝나는 때까지 조선 수군의 병력을 확충하는 노력과 전선을 건조하고 군수물자를 확보하는데 매진하였다. 후대에 통정대부(通政大夫) 형조참의(刑曹參議)에 추증되고 선무원종공신(宣武原從功臣)에 녹훈되었다. 팽성읍 원정리에는 방덕룡 장군의 충신각 사우가 세워져 있다.

이상에서 살펴본 바와 같이 임진왜란 시기 우리 평택 출신 선조들이 위대한 구국 활동을 생각하니 머리가 숙여진다. 원균 장군에 대해서는 역사적인 재조명이 지속적으로 있어야 하며 이대원 장군의 활약상도 올바르게 홍보돼야 한다고 생각한다. 이순신 장군과 함께 순국한 방덕룡 장군과 가재동 방혜마을 오재공 후손들에 관한 연구를 관계기관과 함께해야 한다.

# 제2장

# 평택의 독립운동가(獨立運動家)

## 1. 개요

조선과 대한제국의 국권이 상실되자 평택에서 독립운동은 대한제국 시기부터 광복 때까지 끊임없이 이어졌다. 항일독립운동을 하신 독립운동가를 구분하면 3.1운동 참가자, 군자금 모금 참가자, 항일 학생운동 참가자, 항일독립운동 참가자로 구분할 수 있다. 평택 출신으로 나라의 독립운동을 위해 헌신한 면면을 알아보고자 한다.

## 2. 인물

### ▍안구현(安九鉉, 1886~1970)

안구현 독립운동가는 오성면 양교리에서 출생하였다. 경성(서울)으로 상경해 신학문을 수학하고 1905년 귀향해 노비문서를 소각하고 노비들을 해방했다. 1912년 인천 제물로 이주해 성공회 영국인 선교사와 수녀에게 한국어를 가르치며 선교활동을 하였다. 안구현 선생은 1919년 3.1운동 당시에는 인천 용강동에서 이택화(李宅和) 및 오창선(吳昌善)과 함께 상해임시정부의 군자금 모금원이 될 것을 합의하였다. 1920년 2월 18일 오창선 이택화와 함께 오성면 숙성리에 사는 부호 김모씨의 집을 습격하여 상해임시정부 군자금 모금원의 신분증을 제시하고 소유금 100원을 수령하였다. 이 일로 안구현 선생은 1920년 4월 28일 경성지방법원에서 지역 7년 형을 선고받고 옥고를 치르던 중 1924년 11월 26일 형 변경으로 4년 4개월 13일 만에 석방되었다. 정부에서는 선생의 공적을 기리어 1977년 건국포장, 1990년 건국훈장 애국장을 추서하였다 그리고 1992년 유해를 국립대전현충원 독립유공자 묘역에 안장했다.


## ▌ 안재홍(安在鴻, 1891~1965)

안재홍은 1891년 12월 30일(음 11월 30일) 고덕면 두릉리에서 태어났다. 1911년 9월 와세다(早稻田) 대학 정경학부에 입학하였고, 21살의 안재홍은 장대한 기개와 포부를 드러내 '민중의 세상'이라는 뜻의 '민세'(民世)라는 아호(雅號)를 지어 평생 삶의 지향점으로 삼았다. 안재홍은 조선학 운동의 과제로 '민족으로 세계에, 세계로 민족에, 교호되고 조합되는 민족적 국제주의—국제적 민족주의를 형성'하자는 '민세주의'(民世主義)를 제창하였다. 이후 1950년 5월 선생은 제2대 국회의원 선거에 참여하여 평택에서 무소속으로 당선되었다. 그러나 곧바로 한국전쟁이 일어났고 9월 북한군 보위부에 연행되어 납북되었고, 1965년 3월 1일 75세를 일기로 평양에서 별세하였다. 정부에서는 선생의 공훈을 기리어 1989년 건국훈장 대통령장을 추서하였다. 안재홍 생가는 경기도 기념물 제135호로 고덕면 두릉리 646에 있다.

## ▌ 이병헌(李炳憲, 1896~1976)

　이병헌 독립운동가는 이미 소개하였지만 현덕면 권관리 455번지에서 출생했다. 1919년 1월 중순 보성전문대 법과생이었을 때 손병희(孫秉熙) 선생의 지령으로 비폭력·대중화·일원화의 독립운동 3대 원칙을 기록하여 동지들에게 전달했다. 2월 중에는 천도교 교단으로부터 독립운동 자금 5천 원을 인출하여 이승훈(李承薰)에게 기독교계의 독립 만세운동을 지원하였다. 1919년 2월 27일 보성사에서 독립선언서의 인쇄를 돕고 이를 비밀리에 천도교 교당으로 운반한 후 다시 전국 각지에 배포할 수 있도록 하였다. 3월 1일에는 당시 민족 대표 33인이 서울 종로의 태화관에 모여서 독립선언서를 낭독할 때 태화관 별실 6호에서 대기하던 청년 대표 6인 중 한 명이었다. 당시 이병헌 독립운동가는 33인의 상황과 탑골공원에 운집한 학생 청년 시민들과의 연락을 담당했다. 1945년 해방 이후에는 경찰전문학교 총무과장과 경찰대학장 및 행정신문사 사장과 국사 편찬 위원을 역임하였다. 1960년 7월 29일 실시된 제5대 국회의원선거(민의원)에서는 민주당 소속으로 출마하여 당선되었다. 또한 1959년에는 『3.1독립운동비사』라는 저서를 집필하기도 하

였다. 정부에서는 이병헌의 공적을 기리어 1993년 건국훈장 애족장을
추서하였다.


## 이조헌(李祖憲, 1900~1934)

이조헌 독립운동가는 함평이씨로 포승면 내기리 49번지에서 출생하
였다. 어려서부터 두뇌가 총명하고 뛰어났다. 특히 필법은 천재적이어
서 7세 때에 이미 성인을 능가할 수 있는 실력이었다고 한다. 1910년
일제가 조선을 강점하자 중국으로 망명하여 연경에서 중화민국 북경
대학을 졸업했다. 북경 대학 재학 시 상해임시정부 요인들과 교류를 가
지면서 조국의 자주독립과 임시정부의 재정문제를 논의하였다. 귀국해
진위구락부를 결성해 회원들에게 운동장 건설비라고 100원을 징수해
모금된 돈을 상해임시정부의 이시영(李始榮)과 조소앙(趙素昻) 에게 연
락해 송금하였다. 언어와 문학 및 풍속에도 관심을 가져 2년간의 연구
결과 『중어대전(中語大全)』이라는 책자를 발간하였다. 그리고 학해(學
海)라는 책자를 발간하고 많은 유고를 남기었는데 1934년 7월 4일 35
세 젊은 나이로 경성 의전 병원에서 갑자기 타계하였다. 묘는 포승읍
희곡리 선산에 안장되었다.


## 박옥동(朴玉童, 1900~1949)

박옥동 독립운동가는 안성군 원곡면 죽백리(현 평택시 죽백동) 178번

지에서 태어났다. 1919년 3.11 운동이 일어났을 당시 19세이던 박옥동 선생은 양성면 원곡면 일대의 조선 독립 만세 시위운동에 최초 양성면과 원곡면이 별도로 전개되었다. 1,000여 명의 원곡면 시위 군중들과 함께 원곡면사무소에서 조선 독립 만세 시위운동을 전개하고 면장을 선두로 하여 횃불을 들고 양성면 쪽으로 행진하였다. 이에 시위대가 합류되어 2,000여 명의 군중으로 늘어났다. 1921년 1월 22일 경성복심법원에서 소위 보안법 위반, 건조물 소훼, 소요 혐의로 기소되어 징역 2년을 선고받고 옥고를 치렀다. 정부에서는 박옥동 선생의 공적을 기리어 1977년 대통령 표창, 1990년 건국훈장 애족장을 추서하였다. 그리고 1989년 유해를 국립대전현충원 독립유공자 묘역에 안장했다.


## 이영우(李英雨, 1901~1979)

이영우 독립운동가는 안성시 원곡면 죽백리(현, 평택시 죽백동) 86번지에서 출생하였다.

어려서부터 5~6년 동안 한문을 수학하였고 1910년 일제 강점 이후 조선의 독립을 열망하였다. 그리고 이영우 선생은 "조선은 조선 사람이 통치해야 한다"라는 희망을 가지고 있었다. 1919년 3.1운동이 일어났을 당시 17세이었고 안성군 양성면 원곡의 조선 독립 만세 시위운동에 참여하였다. 4월 2일 오전 4시경 2,000여 명의 시위대와 함께 원곡면사무소를 습격해 파괴 방화하는 등 격렬한 조선 독립 만세 시위운동을 전개하였다. 이 일로 이영우 선생은 일제에 의하여 체포된 후 1921년 1

월 22일 경성복심법원에서 소위 보안법 위반, 건조물 소훼, 소요 혐의로 기소되어 징역 1년 3개월 형을 선고받고 복역하였다. 출옥 후 팽성으로 이주하여 주민들에게 배일사상과 애국사상을 고취시켜 애국지사로 존경을 받았다고 한다. 정부에서는 공적을 기리어 1983년 대통령 표창, 1990년 건국훈장 애족장을 추서하였다.


## ▌ 원심창(元心昌, 1906~1971)

원심창 의사는 1906년 12월 1일에 팽성읍 안정리 175번지에서 태어났다.

1918년 평택공립보통학교(현, 성동초등학교)를 졸업하고 1919년 3.1운동에 참가하였다. 1922년 서울의 중동학교를 졸업한 후 1923년 일본으로 건너가 니혼(日本)대학전문부 사회과에 진학하였다. 1929년 4월 일본 도쿄 유학생 학우회의 폭력 사건으로 징역 3월형을 선고받고 투옥되었다가 1931년 북경으로 건너갔다. 같은 해 4월 이회영(李會英)·류자명(柳子明)·백정기(白貞基) 등과 아나키스트 연맹을 조직하였고, 6월 남화한인청년연맹에 가담하여 총서무를 담당하였다. 1932년 11월 중국 천진(天津) 일본영사관과 일본군 병사(兵舍) 폭파에 참가하는 등 대일투쟁을 전개하였다. 1933년 3월 남화한인청년연맹 단원들과 주중 일본공사 아라요시(有吉明)를 암살하기로 계획하고 이강훈(李康勳)·백정기(白貞基) 등과 중국 상하이에 있는 육삼정(六三亭) 부근에서 대기하던 중 일본 첩자의 밀고로 현장에서 체포되었다 일본 나가사키(長

崎) 지방재판소에서 무기징역을 선고받고 복역하다 광복을 맞이하였고 1945년 석방되었다.

해방 후에는 국내에서 신탁통치반대운동(信託統治反對運動)에 참여하였고 1946년 일본으로 돌아가 재일한인사회(在日韓人社會)의 안정을 위해 진력했다. 재일조선거류민단(在日朝鮮居留民團)을 창설하고 초대 사무총장(事務總長)과 11대·12대 중앙단장(中央團長)을 역임하였으며, 1950년 6.25 전쟁이 발발하자 재일학도의용군(在日學徒義勇軍) 모집 총책으로 남한의 공산화 저지에 힘썼고 전재원호사업위원회를 구성하여 전쟁의 참화로 인한 부상자들을 도왔다. 1953년 한국전쟁이 휴전에 들어가자 남북통일촉진협의회(南北統一促進協議會)를 결성하였으며, 1959년 통일조선신문(統一朝鮮新聞)을 창간해 대표상임고문으로 활동하였다. 1965년 한국민족자주통일동맹(韓國民族自主統一同盟) 일본본부(日本本部)를 결성해 대표위원으로 선출되어 통일운동을 계속하였다. 1971년 7월 4일 일본에서 오랜 수감생활 끝에 얻은 병으로 사망하였으며, 재일본(在日本) 사회장(社會葬)으로 치러졌고 동시에 의사(義士) 칭호를 추존 받았다. 1977년에는 건국훈장 독립장이 추서됐다.

## 김영오(金永五, 1920~1993)

김영오 독립운동가는 청북읍 후사리 156번지에서 출생하였다. 1931

년 경성제2고보(경복고)를 졸업하고 1940년 일본으로 건너가 동경대학교에 입학해서 전문부 법과를 졸업했다. 1944년에는 중국으로 망명하였고 상해임시정부에서 광복군을 창설하자 광복군 제3지대에 입대하여 독립군 및 북경 지하 공작원으로 활동하며 초모 공작 및 군자금 모금 활동 등 항일독립운동을 전개하였다. 1945년 광복군 북경지구 특수단 군수과장으로 활약하다가 해방을 맞이하였고, 이후 미군정청(美軍政廳) 조사연구소 조사과장을 역임하였다. 1949년 육군사관학교 8기로 입교하여 1950년 6.25 전쟁이 발발하자 참전하였고 이후 1956년 육군 중령으로 예편하였다. 정부에서는 선생의 공적을 기리어 1963년 대통령 표창, 1991년 건국훈장 애족장으로 추서하였다. 묘는 국립대전현충원 독립유공자 묘역에 안장돼 있다.


## 신순우(申淳雨, 1923~1992)

신순우 독립운동가는 고령신씨로 청북읍 고잔리에서 출생하였다. 1934년 서울 마포에 있는 신흥보통학교를 졸업하고 일제의 침략으로 생활의 터전을 잃고, 조국 해방의 기회를 엿보던 중 항일독립운동에 투신하기 위해서는 중국으로 건너가야 한다고 생각하였다. 1942년 중국군관학교에 유학할 목적으로 중국 왕래 일본 상선에 승선하여 중국 남경에 잠입하였는데 성공하였고 이후 한인 지하공작원인 박영학 등과 접촉하여 항일독립운동을 전개하였다. 1945년 상해 임시정부에서 광복군을 창설하자 광복군에 징모하는 데 참여하여 제3분처에 입대하였고 지하공작 책임자로 활동면서 초모 공작 및 지하 항일독립운동을 전개하였다. 같은 해 중국 절강하교작전에 참전하여 지대한 공훈을 세웠다. 이에 정부에서는 신순우 공적을 기리어 1980년 건국공로포장을 주었고 1990년 공적 재심사에 따라 건국훈장 애국장을 서훈하였다.

# 제3장

# 현대 평택 출신 스타들

## 1. 개요

군대에서 장군이 된다는 것은 '별을 달다'라는 뜻으로 흔히 말하길 "하늘의 별 따기"라고 말한다. 장군은 다르게 부르길 '스타(star)'라고도 하는데 그만큼 스타가 되길 너무 어렵고 힘들기 때문이라고 생각한다. 최영희 장군이나 서상린 장군은 여러 정치 상황 변화에 따라 평택에서 국회의원선거에 출마해서 당선됐지만 아쉽게도 평택 출신은 아니었다. 차규헌 장군이 최초로 4성 대장 출신이고, 이후 이종간 장군, 윤주학 장군, 윤연 제독, 박정이 대장, 서길원 장군 등을 소개한다.

# 2. 인물

## ▍ 차규헌(車圭憲, 1929~2011)

차규헌 장관은 연안차씨(延安車氏)로 장안동에서 출생했다. 경기고등상업학교를 졸업하고 육군사관학교 8기생으로 졸업했다. 1950년 6.25 전쟁 중 중대장, 대대장으로 가칠봉(加七峰)·풍암리(豊岩里) 전투에 참전해서 전공을 세웠으며 1차 중공군 춘계 공세 때에도 지휘관으로 용맹을 떨쳤다. 이후 1967년 공수특전여단장, 1968년 보병7사단장, 1975년 수경사령관, 1979년 수도군단장으로 재임 중이던 12·12사태에 가담하였다. 1980년 5공 신군부 시절 육군사관학교장과 육군참모차장을 역임했고 1981년 7월 11일 육군 대장으로 진급해 제2군사령관을 지냈다. 1983년 1월 31일 육군 대장으로 예편 후 3월 국가비상위원회 위원장(장관급)과 1986년 제31대 교통부 장관을 지냈다.

노태우 정부의 제5공화국 비리 청산 과정에서 교통부장 관의 일로, 김영삼 정부 때는 1979년 12·12사태 신군부에 참여와 군사 반란 및 5.18 내란에 가담한 혐의로 기소돼 1997년 4월 17일 대법원에서 징역 3년 6월형이 확정됐으나 그해 12월 특별사면돼 석방됐다. 평택 출신으로는 최초 육군 대장으로 전역하였으며 전공에 대한 상훈은 1970년 을지무공훈장, 1969년 화랑무공훈장, 미국동성훈장, 1970년 월남국가

훈장을 받았다. 저서로 『전투』라는 책을 펴냈고 묘는 장안동 산 502번지 선산에 있다.


## 이종간(이종간, 1945~현재)

이종간 장군은 전주이씨로 평택고등학교(9회)와 육군사관학교(육사 24기)를 졸업했다. 육군대학, 국방대학원, 동국대학원 안보·행정 석사과정을 졸업했다. 부대 생활은 육군2군사령부 인사처장, 육군보병12사단장, 육군3사관학교 교장을 역임했다. 현재 900만 원 회원으로 이루어진 대한민국 재향군인회 조직국장이자, K종합서비스 대표이사로서 또, 경기도 안보정책자문 단장으로 활동 중이다. 예비역 소장으로 평택시민회 고문으로 있다.


## 윤주학(尹柱鶴, 1949~현재)

윤주학 장군은 파평윤씨로 오성면 죽리 소죽 194-3의 교육자 집안에서 1949년에 태어났다. 오성초등학교, 안중중학교와 한광고등학교 1회 졸업생이다. 국가와 민족을 지켜야 한다는 뜻한 바가 있어 육군사관학교를 28기로 지원해서 졸업했다. 청와대 근무와 경남대학교 학훈단장, 장군으로 진급해서 증평의 육군67사단(용진) 사단장을 역임하고 예편했다. 2004년 6월 5일 평택시장 재선거에 더불어민주당 시장 후보에 출마해서 악조건하에서도 선전했으나 아쉽게도 낙선했다. 이후 국방과학연구소(ADD) 상임감사를 지냈다. 윤주학 장군의 저서는 역서로『디지털전쟁』이 있다.

## ▌윤연(윤연, 1948~현재)

윤연 제독은 파평윤씨로 평택고등학교 13회와 1967년 해군사관학교 25기로 졸업했다. 1971년에 항해 소위로 임관하면서 초계함 통신관으로 군 생활을 시작했고, 구축함대잠관 등 대잠 쪽에서 커리어를 쌓았다. 포항함의 함장(중령)을 지냈고 제2함대사령관을 지냈고 제37대 해군사관학교장(2003.4~2004.10)과 제16대 해군작전사령관(2004.10~2005.5) 등을 거쳤고 2005년에 중장으로 예편했다. 이후에는 대한민국의 제독으로, 주요 언론에 군사 관련 글을 기고하기도 했고 방송에도 출연하여 군사평론가로 활동했다. 저서로는 윤연 제독의 인생항해기『바다, 해군 그리고 나』가 있다.

## ▌박정이(朴正二, 1952~현재)

박정이 장군은 밀양박씨로 태어나긴 충남 홍성군이지만 어릴 적 평택으로 이사와 계성초등학교, 평택중·고등학교 18회를 졸업했다. 1972년에 육군사관학교를 32기 졸업 후 1976년 소위 임관했다. 이후 육사 기수 중에 1명만 선발하는 독일 유학 시험에 합격해서 독일 육군사관학교에서 졸업했다. 아울러 군 위탁 교육으로 서강대학교 독어독문과를 1980년에 졸업했다. 박정이 장군은 예비역 육군 대장으로 국제정치학 박사, 12사단 37연대 2대대 소대장으로 군 생활을 시작했고, 22사단 55연대장 시절 강릉 무장 공비 대침투작전에 참가했다. 주요 보직으로 육군본부 정책조정과장, 13공수여단장, 수도방위사령부 참모장, 제20기계화보병사단장, 합동참모본부 작전부장, 수도방위사령관, 합동참모본부 전력발전본부장 등을 역임했다.

2010년 6월 육사 동기이자 당시 제1야전군사령관이었던 정승조 대장이 한미연합사부사령관으로 보직을 이동하게 되었다. 이에 따라 천안함 진상규명의 공로 등이 반영되어 같은 달 동월 16일 대장으로 진급과 동시에 제1야전군사령관으로 영전하였다. 2011년 하반기 박정이 대장은 1년 4개월간의 재임 동안 현장 작전 종결 태세를 확립 및 완벽한 통합 상황 조치 체계를 정립 후, 36년간의 군 생활을 마치고 퇴역했다. 전역 이후에도 현역 시절 못지않게 합동참모본부 전구사후검토조정관,

자유한국당 국방분과위원장/국책자문위원장, 국민대학교 정치대학원 겸임교수를 역임했고 현재 국군예비역불자연합회/호국불교포럼 회장, 용인대학교 경호학과 객원교수, 동국대학교 행정대학원 석좌교수, 육군협회 자문위원, 한국군사문제연구원 객원연구위원, 월간 군사저널 회장, 사)밀리테크협회 회장 등으로 학구적인 지식을 바탕으로 다방적인 왕성한 활동을 하고 있다. 박정이 장군의 저서로 『6.25 전쟁과 한국의 국가건설』등이 있다. 필자의 개인적인 생각은 전역 후 4성 장군으로 평택 지역사회의 발전을 위해 선출직에 출마하길 바랐지만 그렇지 못해 매우 아쉽다.

## ▍서길원(서길원, 1955~현재)

서길원 장군은 달성서씨로 평택 출신으로 1974년 한광고등학교(9회)를 졸업한 후 육군사관학교에 진학, 1978년 육군사관학교 34기로 임관한 이후 전후방 곳곳에서 주요 보직을 역임하였으며 육군본부 전력기획처장, 31사단장, 육군본부 인사참모부장, 6군단장, 육군1군사령  부 부사령관 등 야전지휘관과 육군의 주요 직책을 훌륭히 수행했다. 서길원 예비역 육군중장은 대전에 위치한 한남대학교 국방전략대학원 겸임교수로 활동한 바 있다. 필자는 서길원 장군의 고등학교 2년 후배로 학교 재학 시에도 성실하였지만 군 생활은 '군인다운 군인'이었을 것으로 생각한다.

# 대한민국 평택의
# 평화·안보적 위상

# 제1장

# 평택 지역의 전투

## 1. 평택의 전투개요

평택은 고대국가부터 오늘날 현대까지 국가의 이익이 첨예하게 부딪쳐서 나라의 운명을 좌우했던 곳이다. 삼국시대(고구려, 백제, 신라)부터 특히 안성천 일대가 전략적 요충지라 백제와 고구려가 격전이 심했다. 최후에 진위현과 중국에 가기 위한 통로인 대진항을 차지한 것이 신라이다. 조선시대 정유재란과 청·일 전쟁 당시 소사뜰을 두고 명과 청나라와 일본의 격전지였다. 특히 암행어사 박문수가 태어난 진위현 일대는 조선시대 최대의 난이라는 1728년 이인좌의 난의 대표적인 진압 장소로 암행어사 박문수의 족적이 뚜렷이 남은 지역이다.

1894년 7월 동학농민군 진압을 명분으로 아산만을 통해 한반도에 들어온 청군과 한양을 거쳐 삼남대로를 따라 남하한 일본군은 아산만 입구 풍도와 안성천을 중심으로 소사벌 일대에서 격돌하였다. 이후 1950년 6.25 전쟁이 발발하자 천안-평택-오산 벨트 형성에 따라 오산 죽미령 전투에 따른 스미스 부대 작전과 평택역 오폭 사건, 대한민국 육군1군단이 평택 읍내 성동초등학교에서 창설되었다.

아울러 오산공군기지(Osan Air Base)내에는 미군 스미스 부대가 중공군과 1951년 2월 7일 전투를 벌인 '총검의 전투(Battle of Hill)'가 일어났던 곳으로 총검고지(180고지) 전적지가 세워져 있다. 또한 평택역 서부광장에는 한국전쟁 최초로 미국의 스미스 부대 참전을 기념하기 위한"스미스 특수임무부대를 위한 기억의 길" 탐방 표지판이 세워져 있다.

평택은 동북아시아의 안보 측면 최고의 핵심 전략 배치, 안보의 중추적 역할 담당, 자유·평화 수호 도시(서쪽: 중국, 북쪽: 북한, 남쪽: 일본)이다. 평택은 대한민국 안보의 중심도시이자 세계 최대 규모의 반도체 공장을 두고 있는 첨단 산업도시이다. 평택은 한반도의 자궁이며 전략적 요충지이다. 평택은 세계적인 반도체 삼성과 함께 평택항 일원은 대한민국 자유·평화 수호 무역항으로 중국과 교역 확대를 위한 최근접 거리 지정학적 위치이다.

## 2. 6.25 전쟁과 평택 전투

6.25 전쟁은 평택을 군사기지로 인식하게 할 정도로 많은 변화를 일으켰다. 1950년 7월 5일 육군 보병 1군단(광개토부대)이 성동초등학교

교정에서 창설되었고 그해 7월 3일 유엔군 소속 전투기가 평택역에서 북한군 전차 오폭으로 폭발하여 후송 중이던 101명이 사망하는 사건도 있었다. 미군기지는 6.25 전쟁 기간 1952년부터 본격적으로 건설하게 되었다. 1970년대 중·고등 학창 시절에 충혼산(덕동산) 정상에는 충혼탑이 있었고 용이동에는 한국전쟁 기간 중 유엔군으로 공군 전투병과를 파견한 남아프리카공화국의 참전비가 설치돼 있다. 아울러 오산 공군기지(Osan Air Base) 내에는 미군 스미스 부대가 중공군과 1951년 2월 7일경 벌인 '총검의 전투(Battle of Hill)'가 일어났던 곳을 기념하여 총검고지(180고지) 전적지가 세워져 있다.

## 1) 평택 전투

평택 전투 혹은 평택-안성 방어선 전투는 오산 전투가 개시된 1950년 7월 5일부터 7월 6일까지 미 제24사단의 34연대가 평택과 안성 일대에 방어선을 구축하고 펼친 지연전으로 평택에 전개했던 1대대는 전투을 벌리며 지연전을 펼쳤지만 안성에 전개했던 3대대는 전투 없이 천안으로 철수하였다. 전투 전의 상황은, 7월 1일 오전 3시 미 24사단 선발대인 21연대 1대대(스미스 특수임무부대, 속칭 스미스 부대)가 부산 수영 비행장에 도착했으며, 이후 7월 4일 후속 도착한 사단의 주력이 대전으로 진출하였다.

한편 미 24사단장 윌리엄 F. 딘(William F. Dean) 소장은 스미스 부대를 오산 죽미령으로 보낼 때까지만 해도 북한군의 전력을 대수롭지

않게 여겼으며, 스미스 부대가 저들을 지연시킬 동안 34연대를 안성-평택선에 전개하면 적의 남진을 충분히 막아낼 수 있으리라 판단했다.

7월 4일 오후 미 34연대 1대대가 연대의 선발대로 먼저 대전에 도착하자, 딘 사단장은 이들에게 스미스 부대의 철수를 엄호 및 수용하라는 임무를 부여한 뒤 평택으로 먼저 올려보냈다.

7월 5일 새벽 3대대와 연대 본부도 후속 도착했으며, 34연대장 제이 B. 러브리스(Lovless) 대령은 1대대는 이미 평택으로 향했다는 소식과 함께 3대대는 안성으로 보낼 것, 연대 지휘소는 성환읍에 설치할 것을 지시받는다. 그리고 병력을 전개하는 과정에서 3대대 L중대는 연대 예비로서 성환읍의 연대 본부에 잔류하게 된다.


이후 페이에 중위는 서정리 부근에서 전차가 선회한 자국을 발견했고, 뒤이어 말을 탄 한국군이 남쪽으로 내려오며 "전차다! 전차! 물러가라!"를 외치는 걸 목격한다. 직후 북방 1.5km 지점에서 전차를 발견하고 로켓포를 쏘았으나 별 피해를 주지 못했고, 이 과정에서 샤드릭 일등병이 전차 기관총에 맞아 전사했다. 한편 미24사단 내에선 오산의 스미스 부대와 계속 연락이 안 되는 것에 불안해했고 이에 딘 사단장도 이날 밤 평택의 34연대로 향했으나, 가장 가까운 아이레스 대대에서도 이들의 행방을 모르긴 매한가지였다. 게다가 적 전차가 서정리까지 왔다는 보고에 "그렇다면 스미스 애들은 어떻게 된 거지?"하고 물었지만 그 뒤에도 아무런 소식은 들려오지 않았다.

7월 6일 오전 1시 딘 소장은 대전 지휘소로 돌아오면서 저들이 너무 앞에 있어서 전멸했다고 짐작한다. 그리고 얼마 뒤 스미스 부대의 낙오병들이 아이레스 대대로 남하하며 오산 쪽의 상황을 알려주었으며, 안성 방어선에도 52포병대대장 페리 중령이 도착함으로써 오산이 뚫렸다는 게 확실시됐다. 이에 아이레스 대대장은 부하들에게 "현 위치를 고수하되, 스미스 부대처럼 포위당해 궤멸당하진 마라"며 지침을 하달했다.

그러나 이 와중에 바스 준장은 러브리스 34연대장에게 평택의 1대대가 교전 직전이라며 연대를 천안 부근까지 철수하라고 명령했다. 비록 딘 사단장으로부터 직접 얘기를 듣지 못했고, 그것만으로 철수할 이유가 되는지 알 수 없었지만 이에 항명할 수도 없었다. 이에 러브리스 연대장은 연대 예비로 둔 L중대에게 평택 남쪽의 고지를 점령시켜 전방 배치된 1대대의 철수를 엄호하며 함께 철수하도록 조치시킨다. 그리고는 아이레스 대대장에게도 "바스 준장께서 평택-안성선을 포기하라 하였으니, 철수 시기는 대대장이 알아서 하라"고 지시한다.

아침이 될 무렵 아이레스 1대대장은 A중대 지휘소가 있는 고지로 향했는데, 이 무렵 전차 13대가 안개 속에서 나타나 조그만 교량이 끊긴 걸 보고 멈췄다. 이후 전차 위에 타고 있던 보병들이 하차해 도섭하기 시작했는데, 이에 아이레스 대대장은 박격포 사격을 지시한다. 그러나 포격이 제대로 이뤄지지 않아 살상하는 데 실패했으며, 전방 관측병까지 전차포 폭발로 공황 상태가 되어 후속 포격도 불가능했다.

　오전 9시 아이레스 대대는 지휘소를 철수해 L중대의 엄호 속에 퇴각하는 작업에 착수했다. 이후 일선 중대 모두가 평택 이남으로 내려오자 한국 교량폭파조가 평택 통복천 교량을 폭파했고, 천안으로 철수하는 과정에서 스미스 부대 잔존병들과도 합류했다. 오후 천안으로 물러난 이들은 바스 준장의 명령대로 스미스 부대 잔존병들은 국도 동쪽, 아이레스 대대는 서쪽을 맡아 방어선을 형성했고, 이 뒤로 3대대와 연대 본부를 위치시켰다. 그 뒤에도 스미스 부대의 잔존병들은 계속해서 천안으로 몰려들었고, 이에 딘 사단장은 전멸한 줄 알았던 스미스 부대의 피해가 의외로 경미한 걸 파악하게 된다.

　오후 4시 딘 사단장은 34연대장 러브리스 대령으로부터 "평택–안성선을 포기했다"라는 보고를 수신받고 '대체 왜 안성천을 두고 방어선을 형성하지 않았는지' 짚차를 타고 63km나 떨어진 천안으로 향했다. 그리고는 "대체 누가 평택에서 철수해도 좋다 했는가?"하며 책상을 내리쳤는데, 잠시 뒤 아이레스 1대대장이 "제가 책임을 지겠습니다"라고 말했다. 직후 딘 사단장은 이 연대를 평택으로 돌려보낼까 생각했으나 야음 속에서 기습당할 우려가 있어 러브리스 대령에게 내일 일출 후 중대 하나를 북진시키고, 별도의 명령이 있을 때까지 현 위치를 고수하라고 명령한 뒤 대전 지휘소로 돌아갔다. 바스 준장 역시 본 소속인 미 25사단으로 돌아갔으며, 그다음 날인 7월 7일부터 천안 전투가 시작된다.

1950년 7월 7일부터 7월 9일까지 계속된 천안 전투에서 제24사단 34연대 연대장인 로버트 R. 마틴 대령이 7월 8일 전사한다.

지금도 스미스 부대를 기리기 위해 7월 4일 오산 죽미령 평화공원에서 유엔군 초전 기념식 및 전몰장병을 위한 추모식이 열리고 있고, 34연대장 마틴 대령과 그 장병들의 희생을 기리기 위해 7월 8일 천안 마틴 공원에서 미 전몰장병 추모식을 거행하고 있다. 평택에도 분명히 한국전 전사 기록에 남아있으니, 이를 발굴하여 케네스 샤드릭 일등병과 34연대 장병들을 위한 추모비라도 세웠으면 하는 바람이다. 그는 1950년 7월 5일 오후 4시 20분 바주카 사수 보조 케네스 샤드릭(Kenneth Shadrick) 일등병으로 경기도 평택시 서정리에서 적의 기관총 사격을 받고 전사하였다. 그는 미군의 한국전쟁 첫 전사자로 공식 기록되어 있다.

## 2) Hill 180 전투

이 전투는 1951년 2월 7일 썬더볼트 작전 중 E중대가 오산 인근에 있을 때 발생했다. 병사들은 180고지 꼭대기에 진을 치고 있던 중공군의 기관총 사격을 받았다. 제2차 세계대전 중 전장에서 임무를 수행한 참전 용사인 루이스 밀레트 대위는 E. 밀레트 중대를 지휘한 적이 있는데, 이전에 미군이 근접 전투를 원하지 않는다고 주장하는 적의 보고서 번역본을 읽은 적이 있다. 그는 E중대가 이것이 틀렸다는 것을 증명할 것이라고 결정했다.

적의 맹렬한 공격에 직면한 밀레트는 "총검을 장착하라. 모두 나와 함께 간다!"라고 외쳤다. 밀레트가 앞장서서 이끄는 E중대는 산을 뛰어 올라갔다. 때때로, 밀레트는 병사들보다 앞장서서 너무 멀리 뛰어가서 양쪽에서 날아오는 수류탄을 피해야 했다. 이어진 치열한 백병전에서 E중대는 적을 격파하고 고지를 점령했다. E 중대는 영웅적인 돌격으로 "Cold Steel Easy"라는 별명을 얻었고, Lewis Millett은 용감한 전장 리더십으로 미국 최고의 군사 영예인 명예 훈장을 받았다.

1년 후 언덕 주변에 오산 공군기지가 건설됐다. 오늘날 180고지는 "총검 언덕"이라고 불리며 밀렛 로드는 제7공군과 제51전투비행단이 있는 기지의 언덕을 따라 이어진다. 돌격 중 부상을 입었지만 밀렛은 베트남 전쟁에서 뛰어난 활약을 펼쳤고 미 육군에서 대령으로 은퇴했다. 밀렛의 총검이 하와이에 있는 스코필드 막사 바깥에 전시되어 있으며, 일명 "울프하운드"라고 불리는 제27보병연대 제1대대 사령관인 찰스 버그먼 미 육군 중령의 사무실이 있는 곳이다. 이 밀렛 대위의 용맹함을 기리기 위해 캠프 험프리스의 안정리 게이트를 밀렛 게이트로 명명하였다.

# 제2장

# 대한민국 평화·안보 중심, 평택

## 1. 평택의 안보 전략적 가치

팽성읍 안정리에는 주한미군사령부와 유엔군사령부 및 한미연합군사령부가 주둔하고 있다. 아울러 북부지역 오산 베이스(K–55)가 있어 한반도 상공의 공중전을 책임지고 있는 미7공군사령부와 제51전투비행단의 제25전투비행대대와 제36전투비행대대가 배치된 상황이다. 한반도 상공의 감시와 정찰, 정보를 책임지고 있는 제694정보전대가 있다. 한국에서는 공군의 작전사령부와 방공관제사령부(제31중앙방공통제전대), 제1중앙방공통제소(1MCRC), 미사일방어사령부(구, 방공유도탄사령부)가 있다. 서부 지역은 대한민국 서해를 책임지고 있는 해군의 3개 함대 중 해군 제2함대가 평택항 원정리에 배치돼 있다.

## 2. 평택에 주둔한 주요 군부대

### 1) 대한민국 공군작전사령부 (칠성대)

공군작전사령부(칠성대)는 1961년 7월 1일 오산에서 창설되었으며 영공 방위와 항공작전 지휘 및 통제에 관한 사항을 관장하면서는 군령권을 행사한다. 대한민국 공군의 작전을 총괄하는 최상위 작전사령부 직속으로 항공 우주 작전 본부(KAOC)와 방공관제사령부 소속 중앙방공통제소(MCRC), 그리고 한국 탄도탄 작전통제소(KTMO-Cell)가 있다. 대한민국 영공 및 KADIZ 내의 모든 항적을 추적, 감시하고 공중 및 방공자산을 통제, 운영하고 있다. 전시에 작전사령부는 한미연합군사령부의 공군구성군사령부를 구성하게 되며 작전사령관은 부사령관을 맡게 됨에 따라 예하 부대들이 한·미 공군의 연합체제로 구성되어 있다.

한·미연합군의 연합 공군 작전 및 훈련을 계획, 입안 및 실행하며, 주변국 감시정찰 및 전술기의 KADIZ 진입 시의 전술 조치를 맡고, 북한이 탄도미사일이나 발사체를 발사할 때 발사 원점과 비행경로, 궤도를 추적하고 분석 및 통보하며, 비행구역 관리 및 군용 및 민간 항공기의 관제를 담당하고 있다. 미7공군사령관 계급이 중장인데 대한민국 공군작전사령관의 계급도 같은 중장이다. 한편 부대에서는 오산 비행장 에어쇼가 블랙이글스의 화려한 공중 비행쇼를 비롯해 K-55 오산비행장 개방, 전투기 전시 및 관람을 연 1회 진행한다. 사령부 예하 부대로는 공중전투사령부, 공중기동 및 정찰을 하는 공중기동정찰 사령부(공중기동사, 김해 공군기지), 방공관제사령부, 미사일방어사령부의 네 개 사령부를 두고 있으며, 공군의 전투비행단과 특수임무비행단, 공중기동비행단과 훈련비행단 등의 비행단급 부대와 관제 전대 및 미사일 방어 여단을 두고 있어 공군의 전투 전력을 총괄 지휘 및 감독한다.

## 공군 방공관제사령부(Air Defense Control Command)

공군방공관제사령부(방공관제사)는 공군작전사령부 예하로 역할은 방공 식별 구역(KADIZ) 요격관제 및 감시를 전담하고 있다. 공군의 관제 전력 및 항공 통제를 담당하는 기능사령부로 지휘관은 소장이며 예하에 방공관제전대 MCRC를

두고 있다. 중앙방공통제소(Master Control and Report Center, MCRC)는 한반도를 감시하는 것으로 알려져 있으며 제1중앙방공통제소는 1985년에 건설돼 오산 공군기지 내에 있고 제2중앙방공통제소는 2002년부터 대구에 있어 미 본토 사령부는 물론 오키나와, 괌, NATO

사령부까지도 실시간으로 정보를 공유한다고 한다. 레이더 사이트 특성상 오지에 부대가 있는 경우가 많으며 중앙방공통제소는 방공관제사 예하 33, 34 방공관제전대 소속이다.

## 공군 미사일방어사령부(구, 방공유도탄사령부)

북한 미사일 방어에서 핵심 임무를 수행하는 공군방공유도탄사령부가 오는 2022년 4월 공군 미사일방어사령부로 확대 개편됐다. 공군미사일방어사령부(Air Defense Missile Command)는 대한민국 공군의 방공, 미사일 방어 작

전을 수행하는 기능사령부이다. 전국 각지에 영공 방위를 위하여 방공포대가 배치되어 있다. 공군의 미사일 방어 전력을 총괄 지휘하는 기능사령부로 지휘관에는 방공포병 병과의 소장이 자주 보임되어, 공군에서 비 조종사 출신 특기가 장성으로 진급, 보임되는 얼마 안 되는 보직 중 하나로 손꼽힌다. 사령부는 평택의 오산 공군기지에 위치하며 예전에는 방공포병사령부였으나 이름이 변경되었다. 예하에 세 개의 미사일 방어 여단을 두고 있고, 주요 지역에 방공유도탄 포대를 두고 있다.

## 공군 항공정보단

항공정보단은 1986년 11월 전투작전 정보센터(KCOIC)를 운영하기 위한 부대로 창설된 군사정보 부대이다. 2017년 12월 제37전술정보전대를 단급으로 전환·창설하고 H/MUAV 등 항공정찰 자산 도입과 연계해 조직을 보강해 공군작전사령부 예하 부대로 항공정보단을 창설하였다. 공군의 정보 전력을 운용하고 항공 정보의 수집 및 분석을 담당한다.

## 공군 우주작전대

2019년 9월 1일 창설한 우주작전대는 공군작전사령부 예하로 우주작전 수행 능력 확보를 목표로 하는 부대이다. 공군 우주작전대의 주 임무는 우주 영역 인식을 위한 전자광학위성감시체계 이다. 또한 전자광학위성감시체계를 활용한 인공위성과 우주물체 우주 감시 자산으로 한반도 상공의 우주 영역을 집중하여 감시하고, 우주 위험·위협에 대비한다. 2025년에는 전대급의 우주작전전대로 조직을 개편해 공군 우주작전 수행 영역 확장까지 이룬다. 전자광학위성감시체계는 통제시스템 계획에 따라 탐색시스템이 인공위성·우주물체를 탐색·탐지·추적해 궤도를 산출하면, 식별시스템이 그 형상과 특성을 분석해 통제시스템에 전달한다. 반경 2,000㎞와 고도 700㎞ 이하의 저궤도 위성과 우주물체 정보를 파악한다.

## 2) 대한민국 해군 2함대 사령부 (평택시 포승읍)

대한민국 해군의 작전을 지휘하는 작전사령부 산하 3개의 함대사령부에서 평택시 포승읍 해군기지에 있는 제2함대(필승대)는 서해안 해역을 수호 작전을 수행한다. 제2해상전투단 산하에 제21전대, 제22전대, 제23전대가 있고 현재 제2함대 기함 DDH-972 을지문덕(乙支文德)은 해군의 3,000톤급 광개토대왕급 구축함이다.

함정은 함대 기함 광개토대왕급 구축함 DDH-972 을지문덕을 비롯해 인천급 호위함(FFG-811 인천, FFG-812 경기, FFG-816 충북), 대구급 호위함(FFG-821 서울), 울산급 호위함(FF-961 청주), 포항급 초계함(PCC-779 영주, PCC-783 신성, PCC-785 공주), 윤영하급 고속함(PKG-711 윤영하, PKG-712 한상국, PKG-713 조천형, PKG-715 황도현, PKG-716 서후원, PKG-717 박동혁, PKG-721 지덕칠), 검독수리급 고속정(PKMR-211 참수리, PKMR-213 참수리, PKM-

315 참수리, PKM-325 참수리, PKM-335 참수리) 등이다

한편 제1함대(선봉함대)는 울릉도와 독도를 포함한 동해 해역을 방위하기 위해 강원도 동해시 동해 해군기지에 사령부를 두고 있고 기함은 DDH-971 광개토대왕이다. 제3함대(상승대)는 남해안을 경비, 방어하기 위해 전라남도 영암군 목포 해군기지에 본부를 두고 있다.

### 3) 대한민국 육군보병51사단 (화성/평택)

수도군단 예하 부대인 육군보병51사단(전승부대)이 지역방위보병사단으로 서해 해안 경계 감시와 향토예비군 교육을 담당하고 있다. 평택에 육군, 해군, 공군, 해병대, 주한미군이 모두 주둔해 있는 것이 특징인데, 대한민국 해군 제2함대와 대한민국 공군 제10전투비행단, 공군작전사령부, 대한민국 해병대사령부, 캠프 험프리스와의 업무 협조도 활발하다. 사단 사령부는 경기도 화성시 매송읍에 위치한다. 평택을 비롯한 경기서남부지역은 169보병여단(비룡부대)이 관할하고 있다. 169보병여단 산하 1대대는 평택예비군훈련장을, 송탄예비군훈련대는 평택과학화예비군훈련장을 담당하고 있다.

# 3. 평택 부근에 주둔한 대한민국 주요 군부대

## 1) 대한민국 해병대사령부 (화성시)

1949년 4월 15일 진해 덕산 비행장에서 해병대가 상륙작전을 주 임무로 하는 부대로 창설됐다. 평택 인근 화성시 봉담읍 시청로 1311에는 대한민국 해병대사령부 (서북도서방위사령부)가 있다. 해병대는 상륙작전을 주 임무로 하고, 이를 위해 편성, 장비되며 필요한 교육, 훈련한다. 해병대사령관은 계급상 중장이지만 전군 중장 의전 서열 1위라서 현역군인 8위이다. 보통 해사보병 출신이 맡는다. 아울러 해병대부대의 위치를 참고로 말하면 해병대1사단(포항/해룡), 해병대2사단(김포/청룡), 해병대6여단(백령도/흑룡), 해병대9여단(제주도/백룡), 연평부대(연평도/공룡), 해병대 교육훈련단(포항 오천읍)이 있다.

## 2) 대한민국 육군보병55사단 (용인/안성)

육군보병제55사단은(봉화부대)는 경기도 용인시에 위치한 지역방위사단으로 지상군작전사령부와 수도군단 예하 부대이다. 역할은 경기 동남부 용인과 안성시를 방어한다. 평택 인근 부대는 제172보병여단(용성부대)으로 용인시는 3대대가 안성시는 2대대가 향토방위 업무를 담당한다.

### 3) 대한민국 수원 공군기지 (수원시)

평택 인근 수원시 수원공군기지에는 제10전투비행단(화성대, ROKAF 10th Fighter Wing)이 1954년 9월부터 주둔하고 있다. 공군공중전투사령부 산하 제10전투비행단의 역할은 공중전, 제공권 장악이다. 예하 부대로 제101전투비행대대(F-5, KF-5), 제201전투비행대대(F-5, KF-5), 제153전투비행대대(F-4E) 등 3대의 비행대대가 있다. 지휘관으로 비행단장은 준장이다.


### 4) 대한민국 육군보병32사단과 공군 (천안/아산/당진)

평택 남쪽은 세종특별자치시 금남면 국곡리에 사령부가 위치한 제2작전사령부 예하 육군 제32보병사단(백룡부대)이 지역방위사단으로 천안과 아산시를 관할한다. 특히 제99보병여단의 천안 1대대는 동남구 예비군 훈련장을 아산 2대대는 아산시의 예비군 훈련장을 담당한다. 당진군은 사단 예하 98보병여단(충정) 2대대가 해안 경계를 담당하고 있다. 한편 성환읍에는 공군미사일방어사령부 예하 충청도와 강원도의 방공, 미사일 방어 작전을 수행하는 제2미사일방어여단의 본부와 공군방공관제사령부 예하 관제대대가 주둔하고 있다.

# 제3장

# 세계 최고 군사기지, K-6 캠프 험프리스

## 1. K-6 험프리스 수비대(USAG HUMPHREYS) 군사기지

안정리의 험프리스 수비대(USAG HUMPHREYS) 오늘날 주한미군의 작전 허브로 해방 전 일본군병참기지로 사용됐던 곳이다. 한국 정부는 6.25 전쟁 기간 중 1951년 2월 5일 한반도 방위목적으로 안정리 기지를 미군에게 공여하는 협정을 체결했다. 1962년 기지명을 캠프 험프리스(Camp Humphreys)로 바꿨는데 이는 1961년 오산 상공에서 헬기 사고로 숨진 미육군 기술장교 '벤저민 K 험프리즈'를 추모하기 위해서였다.

오늘날 험프리스는 1919년 한일합방 후 일본군이 평택 비행장을 건설했다. 미 육군이 한국전쟁 이후 기지를 인수 하여 한국전쟁 이후부터 비행장 명이 K-6로 불리었다. 1962년 헬리콥터로 사망한 제6수송중대에 배정된 조종사 준위 벤자민 K. 험프리스를 기리기 위해 캠프 험프리스 개명해서 오늘날까지 이어져 오고 있다. 한편, 2007년에 부인

Betty Nance Humphreys 여사가 기지를 방문한 바 있다.

이 기지는 미8군(EUSA) 서울지역사령부, 제7병참사령부 부속기지로 해외에 주둔한 미육군의 비행기지로서는 가장 규모가 크고 비중 있는 곳이다. 1964년 독립된 지역사령부로 개편됐다. 1974년 19지원여단의 발족으로 미육군 수비대로 지정됐고 1985년에는 전시지원 조직으로 개편돼 23지원단으로 지정됐다. 1996년 6월 17일 미육군 제3지역지원 사령부로 출범했고 7월 24일 아파치(AH-64) 실전배치와 더불어 미육 군제6항공전투부대를 운용하게 됐다.

2017년 7월 11일 미8군사령부가 평택 이전 개소식을 시작으로 2022 년 11월 15일 한미연합사령부가 캠프 험프리스에 완료됨에 따라 유엔 군사령부, 주한미군사령부가 캠프 험프리스에 함께 위치함으로써 더 욱 강력해진 한미연합 방위태세를 갖추게 되었다. 캠프 험프리스(K-6) 는 주한미군의 허브로 세계 최고의 주한미군 단일기지로는 1,455만㎢ (440만 평, 여의도 5배)로 세계 최대 규모의 부지다. 현재 인구는 약 33,000명으로 기지 완료 후 초 인구는 43,000명으로 예상한다.

## 2. 주한미군 본부 - 주한미군사령부

주한미군사령부가 2018년 6월 29일 캠프 험프리스 수비대로 청사 이전을 완료하면서 '주한미군 평택시대'의 서막이 열렸다. 부지 면적 24만 ㎡(약 7만 2,600평)에 4층 규모의 본관과 2층 규모의 별관으로 이뤄졌다. 한반도에 주둔하는 주한미군 전체는 미국 인도-태평양사령부 직할 부대이다. 주한미군사령부는 미8군, 해군사령부, 해병대사령부, 특전단, 우주군사령부 등 6개 조직으로 구성되어 있다. 주한 미해군사 및 해병대사, 특수전사는 평시에는 사령부를 구성하는 소수 인원과 장비만으로 기간 편성되어 있다. 전시 또는 한반도 위기 상황 발생 시에는 미국 인도-태평양사령부 전력이 투입되어 월등한 전투력을 발휘하게 되어있다.

### 1) 주한미군사령부

주한미군사령부가 2018년 6월 29일 캠프 험프리스 수비대로 청사 이전을 완료하면서 '주한미군 평택시대'의 서막이 열렸다. 부지 면적 24만㎡(약 7만 2,600 평)에 4층 규모의 본관과 2층 규모의 별관으로 이뤄졌다. 한반도에 주둔하는 주한미군 전체는 미국 인도-태평양사령부

직할 부대이다. 주한미군사령부는 미8군, 해군사령부, 해병대사령부, 특전단, 우주군사령부 등 6개 조직으로 구성되어 있다. 주한 미해군사 및 해병대사, 특수전사는 평시에는 사령부를 구성하는 소수 인원과 장비만으로 기간 편성되어 있다. 전시 또는 한반도 위기 상황 발생 시에

는 미국 인도-태평양사령부 전력이 투입되어 월등한 전투력을 발휘하게 되어있다.

## ▌주한미해군사령부(CNFK, Commander Naval Forces Korea)

주한미해군사령부(Commander Naval Forces Korea)는 주한미군사령부의 예하 부대로 대한민국 해군작전사령부 부산기지에 주둔하며 부두 등 일부 군사시설도 함께 쓰고 있다. 2016년 서울 용산기지를 떠나 부산기지로 옮기면서 작전 운용력이 강화됐다. 부산기지는 한미동맹 및 한미연합훈련의 모항으로 자유민주 진영의 대북 확장억제(핵우산) 강화 정책도 뒷받침하는 전략적 요충지이다. 사령부가 있는 부산 해군기지는 대한민국 해군 및 주한미해군 연합 주요 작전기지이다. 아울러 주한미해군사령부는 한반도 해역에서 전개한 미해군 전력을 지휘·지원한다. 근무자가 300여 명 정도지만 북한의 해상 위협에 맞선 미해군의 해양작전, 대한민국을 비롯한 동맹국과의 연합훈련 계획을 수립하는 허브이다. 미7함대사령부 예하 주한미해군사령부는 한미동맹을 상징하는 조직이 있다. 한미해군이 동반 근무하는'연합작전협조과'로 해작사 연합해양작전본부 산하 부서이다. 이곳에 근무하는 한미장병은 사무실을 함께 사용하며 해양작전을 수립하고 정보를 공유하며 사령관 직책은 대령이다.

## 주한미7공군사령부(Seventh Air Force/Air Force Korea)

주한미7공군(Seventh Air Force/Air Force Korea)은 평택시 송탄의 오산 공군기지에 본부를 두고 있는 미국 태평양 공군 산하의 서수공군중 하나로, 주한미군에 공군 전력을 제공하고 있다. 대한민국에 대한 북한의 공격을 단념시켜 한반도에서의 전쟁 낌새를 꺼뜨리고, 대한민국과 북서 태평양 지역에서의 공군 작전을 계획하고 지휘하고 실행한다. 이때 태평양 공군, 미국 인도–태평양 사령부, 유엔군사령부, 한미연합군사령부와 협력한다.

## 주한미해병대사령부
## (U.S. Marine Corps Forces, Korea(MARFORK)

1995년 용산기지에서 창설됐으며, 현재 사령부 본부는 다른 주한미군 부대와 마찬가지로 경기도 평택 캠프 험프리스에 있다. 한미 해병대는 6.25 전쟁 인천 상륙작전 에서부터 함께 피 흘리며 승리의 역사를 일궈왔다. 상시 주둔 병력은 육·공군에 비해 소수이지만, 유사시 해외 주둔 병력이 신속하게 전개

해 한국 해병대와 연합해병구성군사령부를 구성한다. 평시에는 한국 주둔 미 해병대를 지원하고, 한미 해병대 간 군사교류 및 연합훈련을 조율하고 있다. 미 해병대 한국 내 전지훈련 KMEP(Korea Marine Exchange Program)는 한미 해병대의 연합작전 수행 능력과 상호 운용성 향상을 위해 대대급 이하 미 해병대 전술 부대가 국내에서 우리 해병대 부대와 함께 실시하는 소부대 연합훈련으로, 매해 정기적으로 이뤄지고 있다. 주한 미 해병대는 자신의 임무를 '동북아 지역 안정을 유지하기 위해 대한민국의 방위를 지원한다'라고 명시하고 있다.

## ▍우주사령부(SPACEFOR-KOR)

주한미군은 2022년 12월 14일 북한 미사일 감시 등의 임무를 수행하기 위해 오산기지 내에 주한미군 우주군을 창설했다. 주한미군 우주군은 인도-태평양사령부와 중부사령부에 이어 미군이 해외에서 세 번째 창설한 우주군 부대로 미 인도태평양우주군사령부의 예하 부대이다. 주한미우주군은 미우주군의 야전 구성군사령부 기능을 하며 우주기획, 우주 전문역량, 우주 지휘 통제 등을 주한미군사령관에게 제공한다.

또한 미사일 경보와 위성위치확인시스템(GPS), 위성통신 등 임무를

하며 특히 실시간 감지 수준의 미사일 경보가 가능할 것으로 보인다. 현재 한반도에 배치된 우주군 장병은 항공, 우주, 사이버 작전을 관할하는 오산공군기지 내 제607 항공작전센터(607th Air Operations Center)에서 근무하고 있다. 부대 지휘관의 사령관은 중령이 맡는다.

## 주한미특전사령부
## (SOCKOR, Special Operation Command Korea)

주한미특전사령부(SOCKOR, Special Operation Command Korea)는 1988년에 창설된 주한미군의 하위 사령부로 육·해·공군의 특수부대가 총 망라되어 있다. 주한미특전사령부(SOCKOR)는 한미연합군사령부와 주한미군(USFK), 유엔군사령부를 지원하는 특수작전 부대로 한반도에서 특수작전을 계획 수행하고 우리나라 지형과 상황에 맞는 훈련을 한다. 특히 우리 대한민국 육해공군 및 해병대와 정기적인 연합훈련 전술 토의 등으로 양국의 특수작전 임무 수행 능력을 강화하는 데 일조하고 있다. 주한 미 특전사령부에는 그린베레와 제160특수전비행연대 E중대가 소속되어 있다. 한반도에서의 특수작전에 관련된 모든 사항을 담당하고 미 본토의 미 합중국 특수작전사령부 및 예하 사령부와의 연락을 위한 기능적 구성 권역특수작전사령부. 구성군사령부가 아닌 권역 특수작전사령부인만큼, 한반도로 파병 온 육/해/공/해병 미군 특수작전부대를 총괄하고 지원하는 합동군 체계이다. 사령관은 미국군 준장이다.

## 3. 한·미연합사령부(ROK·US CFC Combined Forces Command)

한·미연합군사령부는 1977년 7월 26일 제10차 한미 안보협의회의(SCM)에서 합의한 '군사위원회 및 한미연합군사령부 권한 위임사항(TOR, Tems of Reference)'과 1978년 군사위원회회의에서 하달한 '전략지시 1호(1978.7.28.)'에 의거하여 1978년 11월 7일 1978.7.28) 한미연합군사령부를 창설했다. 한미연합군사령부 창설로 정전협정 관리 임무를 수행하고 유엔군 사령관이 해오던 작전통제권을 연합 사령관에게 이양했으며, 전쟁 억제와 억제 실패 시 전쟁에서 승리하는 임무를 한·미연합사령관에게 이양했다. 한국 정부는 1994년 12월 1일 한미전략지시 제2호(1994.10.6)에 의거하여 연합사로부터 한국 합참으로 작전통제권을 전환했다.

한미 연합방위체제의 실질적 운영 주체로 미군 4성 장군이 사령관이 되고 한국군 장성이 부사령관이 되며, 사령부 참모의 구성은 한미 사이 동률 보직에 따라 편성하는 등 어느 한쪽의 일방적 의사결정을 배제한 실질적인 한미 연합지휘기구이다. 그 예하에 지상군, 해군, 공군의 구성군사령부 등을 두고 있다.

한미연합사령관은 평시에도 연합권한위임사항(CODA)을 통해 위기관리, 정보 감시, 전시 작전계획 발전 및 연합연습, 연합합동교리 발전, 상호운용성 등 주요 권한을 행사했다. 한미연합 연합사령관은 예하 주한미군과 한국군 부대를 지휘·통제하기 위해 대미 자동화 지휘통제관리체계(TACCIMS)를 운용하고 있다. 그리고 이 관리 체계의 기능 보강을 위하여 미군의 범세계 지휘통제체제와 동일한 환경으로 발전시켜 한반도 지휘통제자동화체제(GCCS)를 운용하고 있다. 이는 정보과학전의 성격을 띠고 있는 현대전에서 지휘통제(C2)의 핵심 요소인 정보유통의 신속성, 통합성, 적응성을 보장하기 위한 것이다.

실제로 주한미군이 한미연합사(미군)·유엔사·주한미군사는 구성원이 거의 일치한다. 유엔사는 군사정전위원회를 제외하고 나면 미군 지휘부와 같은 구성의 조직이다. 소속은 미국 및 대한민국의 국방부이며 연합사령관은 미군 대장, 부연합사령관은 대한민국 국군 대장이고 참모장은 미국 중장, 부참모장은 대한민국 국군 소장이다. 사령부는 2022년 11월 USAG 험프리스에 이전을 완료했다. 한미연합사령관은 유엔군사령관, 주한미군사령관을 겸임한다.

## 4. 유엔군사령부(유엔軍司令部, United Nations Command)

국제연합군 사령부(國際聯合軍 司令部)는 한국전쟁을 계기로 설립된 유엔의 군사령부이며, 유엔 창설이래 유엔군 사령부의 지휘를 따르며 창설된 다국적 연합군을 유엔군이라고 부른다. 1950년 6.25 전쟁이 발발하자 1950년 7월 6일 유엔안보리는 유엔군 설치 결의안을 의결하여 미국의 책임하에 통합군 사령부를 창설하고, 사령관을 미국 정부가 이명토록 하는 결의 84호를 채택했다. 이에 미국 트루먼 정부는 극동사령관인 더글러스 맥아더(Douglas MacArthur) 원수를 유엔군 사령관으로 임명했다.

1950년 7월 14일 이승만 대통령은 "현 적대행위가 지속되는 동안 대한민국 육해공군의 일체 지휘권(Command Au-thority)을 유엔군사령관에게 이양한다"라는 공한을 발송했다. 이에 맥아더 유엔군사령관은 "한국군을 유엔군사령관 지휘하에 두게 된 것을 영광으로 생각한다"라고 회신했다.

1953년 7월 27일 유엔군사령관 마크 클라크(Mark W. Clark) 대장과 조선인민군최고사령관 김일성 원수, 중국인민지원군 사령원 펑더화이(彭德會)는 6.25 전쟁 정전협정에 서명했다. 한미 양국 정부는 1954

년 11월 17일 "유엔사가 한반도에서 방어 임무를 수행하는 한 한국군에 대한 작전통제권을 유엔군사령관에 둔다"라는 합의의사록(Agreed Minutes)에 서명했다.

유엔군사령부는 1957년 7월 1일 도쿄에서 서울로 이전했다. 주한미군사령관은 태평양사령관의 지시에 의거하여 지휘권을 행사했으며 유엔군사령관은 8군사령관에게 한국군에 대한 작전통제권을 위임했다. 유엔사의 기능은 북한의 무력 공격을 격퇴하고 정전협정의 이행 감독과 위반 시는 이를 조사·시정하며 주일 유엔사 후방 기지를 유지 활용하고 유사시 파견되는 유엔 회원국 군대에 대한 통제 및 지원을 수행하는데 있다. 유엔군사령관은 주한미군사령관이 겸직하고 있으며 부사령관, 참모장, 부참모장, 군사정전위원회, 일본에 위치하고 있는 후방지휘소, 연락장교단으로 구성되어 있다. 유엔군사령부(United Nations Command, UNC)는 매년 한반도 정전협정에 대한 이행 여부 등에 관해 보고한다.

## 군사정전위원회(MAC: Military Armistice Committee)

군사정전위원회(MAC: Military Armistice Committee, 군정위)는 유엔사령부 산하 기구로 정전협정의 이행 감독, 위반 사건을 협의 처리하는 기능을

수행하며 유엔사와 공산 측 각각 5명씩 10명으로 구성되었다. 군사정전위회에는 유엔군 측 수석대표와 비서장이 있으며 공동경비구역(JSA)인 판문점에 경비대대가 배치되어 있고 한미연합으로 구성된 의장대를 보유하고 있다. 판문점에 주둔하는 공동경비구역 경비대대 파견 및 운영, 비무장지대(DMZ)에 있는 경계초소의 운영, 북한과의 장성급 회담 등 정전협정과 관련한 임무만 맡고 있다.

## ▌군사정전위원회 비서처와 한국군 연락단

군사정전위원회 한국군 연락단의 임무 및 기능은 군정위에 관한 정책 및 계획수립, 군전위 한국 대표의 자문, 유엔군사령부와 군정위에 관한 연락 및 정전 업무에 관한 기타 군정위에 관한 업무 수행 등이다. 특히 판문점 지역 방문객에 대한 유엔사 협조 및 안내 등 기능 수행에 있어 국내외 인사의 판문점 방문에 대해 중요한 역할을 하고 있다. 우리나라를 방문하는 외국인 관광객들이 제일 많이 가고 싶은 장소가 판문점과 DMZ(비무장지대)이다. 판문점 방문 책임 및 통제 권한은 유엔사령부 군사정전위원회 비서처가 담당하고 있다. 군정위 비서장(대령)은 방문계획에 대한 감독자로서 책임을 지는 것은 물론 방문에 대한 모든 방침을 주기적으로 검토하고 방문 순위 결정의 최종적인 권한을 갖고 있다.

## █ 유엔사 경비대대(UNCSB–JSA) / 캠프 보니파스(Bonifas)

유엔사 경비대대는 한국전쟁 당시 1952년 5월 5일 정전 협상에 참가한 유엔군사령부 군사정전위원회 지원단 요원들에 대한 신변의 안전과 군수물자 등 업무 지원을 목적으로 장교 5명과 사병 10명으로 유엔군사령부 산하로 창설하였다. 이 경비대는 처음에는 미군으로만 구성됐으나 1992년 4월 18일부터 한국군 1개 경비대대 병력이 투입돼 공동 근무하고 있다.

위치는 경기도 파주시 문산읍, 비무장지대 남쪽 400m, 군사분계선 2,400m 남쪽에 있다. 비무장지대 남방한계선에서 약 400미터 군사분계선으로부터 약 2km 후방에 있다. 이 기지는 1976년 8.18 도끼 만행 사건으로 희생당했던 보니파스 대위를 추모하기 위해 캠프 보니파스로 있으며 고유 명칭은 '유엔군 사령부 전방기지'이다. 한국군과 미군이 합동으로 편성된 통합 지휘체계를 유지하고 있는 유엔사경비대대는 미8군 소속부대로서 유엔군사령관의 작전통제 하에 있으며 유엔사 군정위 비서처 참모 감독하에 운영된다.

유엔사 경비대대에서 주요 활동은 판문점 공동경비구역을 비롯 캠프 보니파스의 경비 및 OP(Observation Post) Oullette의 운용,

DMZ(Demilitarized Zone) 수색 정찰 및 매복 작전, 판문점 견학 프로그램 운용 및 관광객 경호 등이며, 비무장지내에 있는 대성동 자유의 마을 대상으로 민정 업무 및 주민 보호 활동도 실시하고 있다.

## ▌중립국감독위원회(NNSC)

중립국감독위원회는 스위스, 스웨덴, 폴란드, 체코슬로바키아로 구성되어 있었다. 남과 북의 정전협정 이행 여부를 확인 감독하고 분쟁을 예방하며 국외로부터 군사 인원, 작전 장비, 무기, 탄약 등  의 반입 및 교체에 대한 감독 결과를 군정위에 보고하고, 군정위 요청 시 DMZ 이외 지역에서의 정전협정 위반 사건을 조사하는 것이 중립국감독위원회의 역할 이다. 북한은 체코슬로바키아는 1992년 4월, 폴란드는 1995년 2월에 본국으로 추방되었다. 폴란드 대표단은 본국에서 중감위 기능을 수행하고 있으며, 분기 1회 판문점 회의에 참석한다. 현재 상징적으로 존재하고 있다.

## 5. 주한미8군사령부(Eighth Army)

미8군은 주한미군의 지상군부대이며 예하 부대로 주력 제2보병사단

과 17항공여단과 제6항공여단(기병여단)
이 있다. 17항공여단은 수송헬기로 미2
사단 2여단의 공중 강습 지원 임무를 맡
고 있고 제6항공여단은 공격헬기 여단이
다. 17항공여단은 2사단 2여단의 공중
강습 지원 임무를 뛰고 있고 서해상 상
륙작전과 기갑 작전 임무를 맡고 있다.

## ▌ 제2보병사단 / 한·미연합사단

제2보병사단(2nd Infantry Divison)은 1917년 9월 21일에 창설된
미국 육군의 사단이다. 한국 땅에 주둔 중인 미군 부대 중 실질적으로
전쟁억제력을 갖고 있는 주력 전투부대는 주한미 군사력의 상징 미제2
보병이다. 주요 임무는 북한군 침공에 대비하여 다른 미군 부대가 대한
민국에 도착할 때까지 전쟁 초기에 시간을 버는 것이다. 미국 제2보병
사단은 카투사로 불리는 한국군과 함께 구성되어 있다. 특히 한반도가

분단된 남북한의 상황에서 미2사단은 북한과 경계한 최일선 DMZ 일원을 사령부가 파주시 및 동두천에서 주둔할 때 인계철선 역할을 해온 주요부대이다. 제2보병사단은 기계화보병사단이나 준사단으로 예하 3개 여단 중 1여단은 기갑여단, 2여단은 공중강습여단, 3여단은 스트라이커여단이라는 편제로 구성됐다. 즉, 미제2보병사단은 군단급 사단이다.

### − 미2사단/한·미연합사단 2전투항공여단(2CAB·2Combat Aviation Brigade)

세계 최초·유일의 2개국 연합전술제대 미2사단·한미연합사단은 세계 최강 공격헬기로 꼽히는 AH−64E 아파치 가디언을 중심으로 헬기를 활용한 공중 공격, 강습, 수송, 정찰 등 임무를 수행하는 2전투항공여단을 보유하고 있다. 제2전투항공여단의 역할은 제2보병사단에 대한 항공지원이다. 여단은 총 5개 대대로 이뤄져 있다. 각 대대는 공격과 강습, 수송, 정찰, 정비 등의 임무를 전담한다. '아파치 가디언 부대'로 유명한 4−2공격(Attack)대대와 5−17공중기병(Air Cavalry)대대, 블랙호크를 운용하는 2−2강습(Assault)대대, 시누크·블랙호크로 항공지원 임무를 수행하는 3−2일반지원(General Support)대대, 정비를 맡은 602항공정비대대가 여단을 구성하고 있다.

특히 현존 최강의 헬기로 평가받는 아파치 가디언은 적 전차, 장갑차 등 지상 무기체계를 박살 낼 수 있는 파괴력을 보유하고 있다. 1개 대대가 한 번 출격하면 적 1개 기갑여단을 괴멸시킬 수 있을 정도로 여단 예하 2개 아파치 가디언 대대 중 5-17공중기병대대는 지난해 5월 새롭게 창설한 부대다. 원래 여단에는 1개 대대가 상시 주둔하고, 다른 1개 대대가 순환 배치됐는데 고정 배치로 변경되면서 5-17대대로 탄생한 것이다. 이로써 한반도에 2개(48대 규모)의 미육군 아파치 대대가 상시 주둔하게 됐다.

## – 미2사단/한·미연합사단  제210 포병여단

제210포병여단은 미2사단사령부 예하 부대이나 동두천시에 여단 본부가 주둔해 있다. 이 부대는 M270 MLRS와 ATACMS전술 지대지 미사일을 운용하고 있으며, 미2사단과 전시에 한반도로 증원되는 제8군의 화력 지원 임무를 수행한다. 동시에 북한군의 장사정포같은 장거리 야포를 견제하는 임무를 수행하고 있다. 전쟁억제력은 물론이고 제2한국전쟁 발발 시 한미연합군의 주요 지상화력 전력으로써 활약할 부대로 평가받고 있다.

## – 미2사단/한·미연합사단 지원여단과 포병대대

미2사단 지원여단(2nd Infantry Division Sustainment Brigade)

대한민국에 주둔한 모든 부대를 지원한다. 한편 지원여단 예하에 북한의 화생방 공격에 대응하기 위한 제23화생방대대가 있다. 포병대대(2nd Infantry Division Artillery)는 본부포대만 편성돼 있다.

## 주한미군 제1통신여단(1st Signal Brigade)

제1통신여단(1st Signal Brigade)은 미국 육군의 통신 여단이다. 제8군 예하 부대로서 주한미군에 군사 통신 지원을 제공하고 있다. 여단 본부 및 본부중대는 캠프 험프리스에 두고 있다. 예하 36통신대대는 캠프 워커에, 제41통신대대는 캠프 험프리스에 있다. 여단장은 미육군 대령이다.

## 제501군사정보여단(501st Military In-telligence Group)

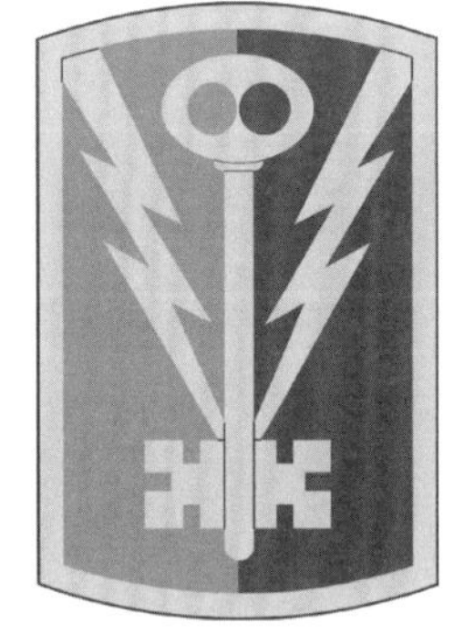

501군사정보여단의 정식 명칭은 501st Military In-telligence Group(501군사정보단)이다. 통칭 MI라고도 부른다. 주한미군의 501여단에는 4개의 대대가 있다. 3군사정보대대(3대대)는 제트기에 비해 낮은 고도로 비행하는 프로펠러를 띄워 북한을 상대로 각종 신호정보를 수집한다. 524군사정보대대(524대대)는 국군방첩사령부와 같은 존재로 주한미군 내로 침투하는 간첩을 막는 '방첩'과 주한미군의 비밀이 밖으로 새어 나가는 것을 막는 '보안' 그리고 한국군 정보사와 같은 인간정보를 수집하는 임무를 맡고 있다.

527군사정보대대(527대대)는 DMZ 일원 고지에 대형 안테나를 세워 놓고 24시간 북한 지역에서 나오는 신호를 수집하고 있다. 532군사정보대대(532대대)는 유사시 전투부대가 화급하게 정보지원을 요청하면 즉각 첩보를 수집해 정보를 제공해 주는 기동 정보부대이다. 주한미군 중에서 가장 중요한 존재로 501 군사정보 여단이 있음으로 해서 한국군의 가장 큰 약점인 정보력의 지원을 받을 수 있어 왔다. 501군사정보여단은 미공군5정찰단 그리고 한국의 방첩사와 정보사 그리고 777부대는 수집한 첩보를 공유한다.

특히, RC-12X(가드레일) 정찰기 등을 통해 북한의 각종 신호정보(시긴트)를 수집한다. 501 군사정보여단은 예하에 '524 정보대대'를 창설했는데 탈북민과 방북 경험자, 북한에 공관을 둔 서방 국가 등을 상대로 북한 정보(휴민트/HUMINT)를 수집한다. 1천 500여 명의 군인과 민간인으로 구성된 이 여단 책임자인 위니거 대령은 주한미군 여군 정보장교 중 계급이 가장 높다. 육군의 항공 정보감시정찰 수단을 이용한 대북 정보 수집과 분석을 담당한다. 한편 제501 군사정보여단장은 정보를 다루는 일이므로 꼼꼼한 업무 처리가 요구되기 때문에 전통적으로 여군 영관장교가 맡고 있다.

## 미8군 65의무여단(65th Medical Brigade)

주한미8군 65의무여단은 2008년 10월 우리
나라에 배치된 미 육군 의무부대다. 65의무여
단의 모체는 1927년 10월 창설된 15의무연대
다. 1941년 65의무연대로, 1944년 65의무단으
로 재편성됐다. 1971년 18의무사령부에 이어
2008년 10월 65의무여단으로 이름을 바꿨다.
2019년 9월 20일 캠프 험프리스에 브라이언 올

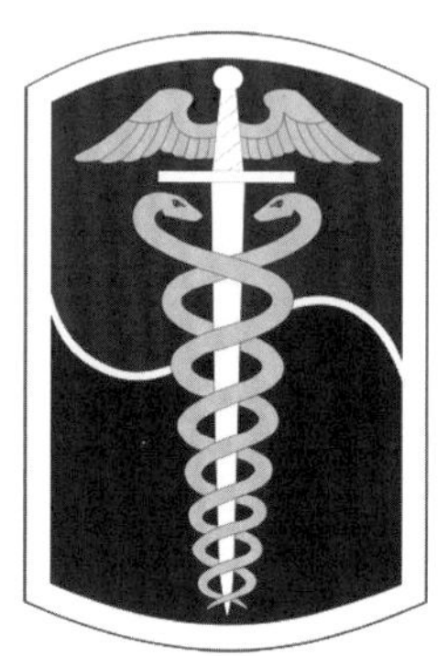

굿 육군종합병원이 완공됐다. 병원은 연간 5,000명의 입원 환자를 지
원할 수 있도록 68개의 병상을 구비했다. 65의무여단 장병 450여 명이
이곳에서 근무하며 전투력 보존에 노력하고 있다. 병원은 미군 장병·가
족, 관계자, 카투사의 치료를 담당한다. 출산·분만 환자를 위한 산부인
과뿐만 아니라 응급의학과, 정신건강의학과, 물리의학 및 재활센터 등
다양한 의료시설이 갖춰져 있다.


## 미19지원사령부 예하 제94군사경찰대대
## (94th Military Police Battalion)

미19지원사령부가 미8군사령부 예하 부대이나 대구 캠프에 사령부가
주둔해 있고 제94군사경찰대대는 제19원정지원사령부 예하 군사경찰
대대이다. 험프리스에 본부가 있으며 주한미군의 법집행, 보안 및 기동

지원, 군 범죄자 격리 등이 역할이다. 예
하 중대로 동두천시 캠프 케이시(제55군
사경찰중대), 서울특별시 캠프 코이너(제
142군사경찰중대), 대구시 캠프 워커(제
188군사경찰중대), 캠프 험프리스(본부
중대, 제557군사경찰중대, 제903군사경
찰분견(군경) 경찰중대가 주재하고 있다.

## ▍미육군 험프리스 수비대 기지사령부(USAG Humphreys)

USAG Humphreys는 군인, 민간인 직
원 및 그 가족을 위한 커뮤니티 서비스,
시설 및 인프라를 제공하고 통합하는 동
시에 주둔 전투부대가 "오늘 밤 전투"를
치를 수 있도록 혁신적인 노력을 지원한
다. 명령에 따라 기지 방어를 설정하고

비전투원 대피 작전(NEO: Non-Combatant Evacuation Operation)
수행, 이를 위해 접수, 준비, 전진 이동 및 통합(RSOI:Reception
Staging Onward Movement, and Intergration)을 지원한다.

아울러 USAG Humphreys의 비전은 임무, BASOPS(기지운영)지원,
지역사회 및 생활의 질의 표준을 만드는 누구나 전속을 희망하는 기지

가 되는 것이다. 이는 우리의 파트너/단위부대가 군인, 민간인 및 그 가족으로 구성된 지역사회에 서비스를 제공하고, 오늘 밤 전투를 지원할 수 있게 함으로써 이루어 질 수 있다. 가능한 많은 이웃 지역사회와 교류협력을 통해 캠프 험프리스에 배속되는 군인 및 가족들에게 영내외의 생활 편의를 제공함으로써 모두가 생활하고 일하고 즐길 수 있는 최고의 임지로 만드는 데 있다.

| 제4장 |
# 평택의 오산 에어베이스
## (K-55 Osan Air Base)

오산공군기지는 한국전쟁이 한창이던 1951년 11월 미국은 한국에 전투지원단을 지원하는 공군부대 주둔지로 평택군 송탄면, 서탄면 진위천 들판에 인접한 야리·적봉리·신야리 일대를 지정했다. 이곳을 '오산리(Osan-Ni)'라 했고 기지 이름을 '오산리 AB(Osan-Ni AB)'로 명했다.

1952년 초 한국과 미국은 K-55 기지를 건설하기 위해 강제로 주민들을 이주시키고 그해 7월부터 미 공병대와 한국인 노무자들을 투입해 두 달 반 만에 2,740m의 비행장 활주로를 완성했다. 1952년 11월 본격적으로 미공군기지가 운용되면서 서탄면 적봉리에 있던 부대정문을 현재 위치인 신장동으로 옮겼다.

1953년 7월 휴전협정이 맺어지고 그해 10월 한국과 미국은 '한·미상호방위조약'을 체결해 미군이 계속 한국에 주둔하도록 하는 법적 근거를 마련했다. 1954년 1월 '항공전술본부'가 재배치됨으로써 한국 내 미국 공군의 주된 허브 기지가 됐다. 이때부터 부대 정문을 중심으로 미군들을 상대로 한 상점과 위락시설이 밀집한 기지촌이 본격적으로 형성되기 시작했다. 1956년 9월 공식 명칭을 '오산리 AB(Osan-Ni AB)'에서 지금 사용하고 있는 '오산 AB(Osan AB)'로 했다. 1971년 11월 군산 비행장에 배치됐던 3rd전술전투비행단의 36th전술전투부대가 오산 베이스로 옮겨왔고 1974년에 51비행단으로 재편됐다.

1988년 F-16이 배치되면서 격납고와 군수품 저장소 및 숙소 등이 새롭게 건설됐고 1993년 10월 1일 제51전투비행단으로 개편됐다. 송탄의 오산공군기지(Osan Air Base)는 한·미 공군의 핵심 기지다. 주한 미공군의 허브인 미7공군사령부와 우리 대한민국 공군 작전을 총괄하는 작전사령부도 있다. 특히 7공군사령부는 미태평양공군사령부 중 중국과 러시아와 가장 인접한 주력부대이다.

오산 공군기지의 총면적은 8.54㎢(258만 평)이며, 총인구는 약 13,000명이다. 현재 연합토지관리계획(LPP)의 일환으로 당현리 알파 탄약고가 오산 공군기지 내 서쪽으로 이전 계획이 추진 중이다. 오산 미군기지는 4만 7천여 명의 주한미군과 그 가족이 한국을 드나드는 관문이기도 하다. 이들은 오산기지 북단 활주로 동쪽에 있는 미공군 사령부 터미널(MAC)을 통해서 출입국을 한다.

# 1. 미제7공군사령부(Seventh Air Force Korea)

미 7공군은 대한민국 경기도 평택시 송탄의 오산 공군기지에 본부를 두고 있는 미국 태평양 공군 예하의 번호가 부여된 7공군으로 주한미군에 공군 전력을 제공하고 있다. 한미연합군사령부(ROK-US Combined Forces Command)에 소속된 공군구성군 사령부의 사령관 임무를 겸직하고 있다.

사령부를 오산기지에 두고 항공작전대, 항공지원작전단, 정보 감시 정찰단으로 편성되어 있다. 오산 에어베이스는 태평양 지역에서 가장 큰 공군기지로 미태평양 공군 사령부 산하이다. 제7공군 사령관은 중장으로서 한·미연합사령부 공군 구성군 사령부의 사령관이기도 하다.

제7공군 예하에는 제 51전투비행여단은 F-16전투기로 편제되어 있는 제36전투비행대대와 대전차 폭격기인 A-10기로 무장된 제25전투비행대대, 편제부대는 아니나 오산기지에 정찰대(U-2)와 구조적인 임무를 수행하는 파견대(UH-60)가 주둔하고 있다. 또한 군산에 주둔하고 있는 제8전투비행여단은 F-16을 보유하고 있는 제35전투비행대대와 제80전투비행대대로 구성되어 있다.

현재 기지에는 9,000명이 주둔하고 있고 7공군 주력부대인 51전투비행단과 제5정찰단, 제31특수작전항공단, 제303정보단, 제631공수기동지원단, 제33구조단 등이 배치돼 있다. 주로 전투기 기종인 F-16, F-15와 폭격기 A-10기가 주종을 이루며 수송기 C-130과 소형 정찰기, 헬기 및 국내외 기지를 운행하는 민항기들이 하루 평균 54~123회 운행하고 있다. F-16C/D 3개 비행대대 72대와 A-10 공격기 1개 대대 20대. 그리고 U-2 고고도 정찰기 약 3대가 주요 전력이며 약간의 구조전단 소속 헬기가 존재한다.

## ▮ 제51전투비행여단(51th FW)

제51전투비행여단은 태평양 최강의 전투력을 자랑하는 제25전투비행대대와 제36전투비행대대가 있다. 제25전대(OA-10C)는 A/OA-10A 공격기 20여 대, A-10가 21대, 제36전대(F-16C/D)는 F-16전폭기가 30여

대가 배치돼 있다. F-16 전투기로 편제되어 있는 제36전투비행대대와 대전차 폭격기인 A-10기로 무장된 제25전투비행대대가 있다. 또 강력한 공격 능력을 가진 MH-53J 헬기 5대가 배치되어 있다. 제731항공수송대대. C-12J 1개 대대 보유. 한미연합특전사령부에 대한 공수 지원을 하는 것으로 알려져 있다.

## 제5정찰단(U-2)

제5정찰단은 미12공군 9정찰비행단의 예하 U-2기부대로 북한 전역을 상대로 신호정보와 영상정보를 수집한다. U-2기는 미국에 직접적인 정보제공을 위해서 밤낮, 높은 고도, 모든 날씨 등 어느 지역에서도 감시 비행을 할 수 있으며 지상과 공군을 연결해 준다. U-2기는 한 개의 엔진과 한 개의 좌석으로 되어 있으며 높은 고도에서 임무를 수행하는 정찰 항공기이다.

U-2기는 1996년 한국에 전개되었고 장미함도 고공 장시간 비행으로 가볍지만 고도 기술이 필요한 장비들이고 팀웍으로 임무수행이 이루어지고 있다. 이들은 교대로 하루에 1차례씩 출격하며 군사분계선 인근의 20㎞ 고공에서 7~8시간씩 비행하면서 군사분계선 이북 60~70㎞의 북한을 TV 카메라로 살펴보듯이 샅샅이 정찰하고 있다.

## 제35방공여단(35th Air Defense Artillery Brigade)

제35방공여단은 평택시 오산 에어 베이스에 여단 본부가 주둔해 있고 예하 패트리어트 PAC-3 포대가 오산, 군산, 광주 공군기지에서 방호 임무를 수행하고 있고, 트리어트 PAC-3

와 어벤저(Avenger)로 주한미군 기지 방호 임무를 맡고 있다. 그리고 경북 성주기지에 사드 포대가 전개되어 미사일 방어 임무를 수행하고 있다.

## 주한 미공군 607전투 기상대대
## (607th Combat Weather Squadron(607 CWS))

607대대 미기상부대는 6.25 전쟁 때부터 우리나라에 주둔하고 있다. 2021년 6월부터는 기존 607기상대대 이름 중간에 '전투(Combat)'가 붙었다. 607대대는 공군부대이지만 완벽한 작전 성공과 승리를 위해 매 순간 기상 예보 등 기상 지원을 총괄하고 조 

정한다. 또한 주한 미공군 607전투기상대는 주한미군사령부, 미8군사령부, 미2사단/한미연합사단, 미2전투항공여단 등에 기상정보를 지원하고 있다. 또 한미연합군사령부, 공군기상단, 한미연합기상국, 기상청의 연락책 임무를 수행하고 있다. 우리 공군기상단과도 매일 협력하고 있다. 한반도 날씨 예측의 정확성과 일관성을 유지하고, 서로의 역량을 합쳐 시너지 효과를 내기 위해서다. 특히 한미 기상대가 최근 가장 신경 쓰는 건 우주기상이다.

## ▌ 제607항공작전센터(607th Air Operations Center)

제607항공작전센터(607th Air Operations Center)는 제7공군의 예하 부대로 한반도에 주둔하고 있는 주한미군 공군의 항공작전 기획 및 지휘통제 역할을 하고 있다. 또한 한반도 지역의 항공, 우주, 사이버 작전을 관할한다. 최근 자동 전술표적화·대화력타격순환체계(ATACS)를 개발해 운용하는데 이 체계는 미공군의 자체 전술통제체계인 링크-16을 활용해 전투기 조종석에서 실시간 표적정보를 수신 가능하게 하는 것이 특징이다. 이 센터에는 90명의 정보 전문가가 근무한다.

## 2. 오산 에어베이스 미제7공군 관외 부대

## ▌ 제8전투비행단(8th Fighter Wing(8th FW)

미공군은 평택시 K-55 오산 공군기지에 제7공군사령부와 제51전투

비행단이 있으며, 전북특별자치도 군산시 군산공군기지에 주한 미공군의 핵심으로 꼽히는 제8전투비행단이 주둔하고 있다. 1974년 대한민국에 배치된 이후 우리 군과 함께 호흡하며 연합방위태세 구축에 해왔고 1980년대 초 배치돼 40년째 한반도 상공을 누비고 있다. 미공군 제8전투비행단에는 2개 전투비행대대가 있으며, 전투비행대대는 F-16 전투기 12대로 구성된다. 같은 군산공군기지에는 한국의 38전투비행단이 있으며, 여기에는 KF-16 전투비행대대 1개가 배속되어 있다. 6개월 마다 미 본토에서 순환 배치되는 F-16 비행대대가 추가된다.

매년 실시하는 한미연합 전시 최대 무장 장착훈련에는 F-16 전투기 60대가 동원된다. 군산 공군기지에 F-16 전투기 5개 전투비행대대가 있다는 의미이다. 미8전투비행단은 F-16 전투기를 운용하는 2개 전투비행대대(35대대·80대대)가 편성된 작전전대(OG)를 주축으로 정비전대, 임무지원전대, 의무전대 등으로 구성돼 있다. F-16은 최근까지 성능 개량이 이어지고 있는 전천후 다목적 전투기다. 미8전비는 임무로 기지방어, 후속 전력 수용, 북으로 진격'으로 군산기지를 철통같이 방호하는 동시에, 언제든 출격이 가능하도록 전투준비태세를 유지하고 있다. 유사시에는 후속 항공 전력이 한반도에 전개하는 거점 역할을 한다.

| 참 고 문 헌 |

## 단행본

- 국가상훈편찬위원회, 『국가인물대전–현대사의 주역들』, 國家賞勳編
  纂委員會, 1999

- 김해규, 『의병장 원연(元埏)』, 원주원씨 충효 선양회, 2022

- 유범동·장승재, 『주한미군 허브, 평택의 캠프 험프리스와 오산 에어
  베이스』, 밥북, 2024

- 이민호, 『열도의 독립운동가 의사 원심창』, 통일일보, 2022

- 장승재, 『판문점 리포트』, 삶과꿈, 2003

- 장승재, 『평택관광을 생각한다』, 밥북, 2023

- 장승재, 『위대한 한국인, 암행어사 박문수』, 밥북, 2023

- 정경영, 전작권 전환과 국가안보, 도서출판 매봉, 2022

- 정경영, 피스 크리에이션–한미동맹과 평화창출, 한울아카데미,
  2020

- 대한민국국회, 『국회수첩』, 대한민국국회, 1984, 1986, 1988,
  1992, 1993, 1996, 1998, 1999, 2004, 2005, 2013~2014

- 천안전씨 문효공 동래공파 휘상업종친회, 『천안전씨 조상의 뿌리를
  찾아서』, 천안전씨 문효공 동래공파 휘상업종친회, 2012

- 평우회, 『회원수첩』, 평우회, 1987, 2005, 2008
- 황우갑, 『성인 교육자 민세 안재홍』, 도서출판 선인, 2019


## 논문

- 황우갑, 『지역 역사인물과 문화유산의 장소정체성과 활용방안–평택
  부락산권 방혜마을 경주이씨 역사 인물과 유적을 중심으로』, 『평택
  지역의 임진전쟁사 연구』, 퇴재공이정함선생후원회·민세아카데미,
  2024


## 평택시와 평택문화원 및 관계기관 발간 자료

- 경기도박물관, 『평택의 역사와 문화유적』, 평택시 경기도박물관,
  1999
- 권행완, 『평택 지역사회 인물 발굴조명–구천 이세필』, 『소사벌 통권
  36호』, 평택문화원, 2021.10.
- 진위면지 편찬위원회, 『진위면지』, 평택시 / 평택시문화원, 1999
- 수원대학교 박물관, 『평택 문화유산의 현황과 활용』, 평택시·평택문
  화원, 2010

- 평택시, 『평택의 독립운동가』, 평택시, 2018
- 평택시독립운동사 편찬위원회, 『평택시독립운동사』, 평택시독립운동
  사 편찬위원회, 2004
- 평택시사편찬위원회, 『平澤市史 1,2,3,4』, 『평택문화원』, 2014년 6월
- 평택시, 『평택의 독립운동가』, 평택시, 2018
- 평택문화원, 『충렬공 이대원』, 평택문화원, 2011
- 평택문화원/고덕면지편찬위원회, 『고덕면지』, 평택문화원/고덕면지편
  찬위원회, 2011
- 평택문화원/안중읍지편찬위원회, 『안중읍지』, 평택문화원/안중읍지
  편찬위원회, 2011
- 평택문화원/팽성읍지편찬위원회, 『팽성읍지』, 평택문화원/안중읍지
  편찬위원회, 2011

## 일간지, 월간지 등

- 국방일보 : 2016.09.28, 2022.08.04, 2022.12.14, 2023.01.26,
  2023.03.23, 2023.04.27, 2023.05.25, 2023.07.27, 2023.09.21,
  2023.10.26, 2023.12.28.
- 평택시민신문 : 2009.08.23, 2013.06.12.
- 평택시사신문 : 2012.02.23, 2012.02.29.
- 주간평택 : 2023.8.18.

- 뉴스플러스, 1997.07.31, 1999.04.22.

- 미래한국, Weekly, 2017.06.19.

- 월간군사세계, 1997년 9월호, 사)21세기군사세계연구소

- 월간군사세계, 2002년 10월호, 사)21세기군사세계연구소

- 월간밀리터리, 2003년 4월호, ㈜디펜스타임즈

- 월간밀리터리, 2003년 6월호, ㈜디펜스타임즈

- 월간밀리터리, 2003년 9월호, ㈜디펜스타임즈


**기타**

- 나무위키

- 네이버 검색

- 위키백과

# 평택정치 인사이더와 아웃사이더

**펴낸날** 2025년 11월 1일

**지은이** 장승재
**펴낸이** 주계수  |  **편집책임** 이슬기
**교정 편집** 이한비  |  **꾸민이** 전은정

**펴낸곳** 밥북  |  **출판등록** 제 2014-000085 호
**주소** 서울특별시 마포구 양화로 156 LG팰리스빌딩 917호
**전화** 02-6925-0370  |  **팩스** 02-6925-0380
**홈페이지** www.bobbook.co.kr  |  **이메일** bobbook@hanmail.net

© 장승재, 2025.
ISBN 979-11-7223-089-0 (03300)